人工智能视域下
重大突发事件应急物资管理研究

朱晓鑫 著

科学技术文献出版社
SCIENTIFIC AND TECHNICAL DOCUMENTATION PRESS

·北京·

图书在版编目（CIP）数据

人工智能视域下重大突发事件应急物资管理研究 / 朱晓鑫著. —北京：科学技术文献出版社，2024.4
ISBN 978-7-5235-1367-5

Ⅰ.①人… Ⅱ.①朱… Ⅲ.①人工智能—应用—突发事件—物资管理—研究
Ⅳ.① F251-39

中国国家版本馆 CIP 数据核字（2024）第 100025 号

人工智能视域下重大突发事件应急物资管理研究

策划编辑：张 闫　　责任编辑：韩 晶　　责任校对：张永霞　　责任出版：张志平

出　版　者　科学技术文献出版社
地　　　址　北京市复兴路15号　　邮编 100038
出　版　部　（010）58882952，58882087（传真）
发　行　部　（010）58882868，58882870（传真）
官方网址　www.stdp.com.cn
发　行　者　科学技术文献出版社发行　全国各地新华书店经销
印　刷　者　北京厚诚则铭印刷科技有限公司
版　　　次　2024 年 4 月第 1 版　2024 年 4 月第 1 次印刷
开　　　本　710×1000　1/16
字　　　数　191千
印　　　张　12.25
书　　　号　ISBN 978-7-5235-1367-5
定　　　价　58.00元

前　言

近年来，频发的突发事件显现出现代社会对应急管理的迫切需求。在 2008 年的汶川大地震中，由于交通和通信设施中断，应急物资的供应在救援早期呈现出难以回补的巨大缺口；2019 年的新冠疫情更是暴露出多国关键战略资源准备不足、全球供应链断裂、应急资源调配不及时等一系列重大问题。这些都表明突发事件频发和供应链脆弱性之间的矛盾日益突出。2019 年中央政治局会议上，习近平总书记进一步强调，当今世界正经历百年未有之大变局。国际社会不稳定性、不确定性明显增强，我们要增强机遇意识和风险意识，把握发展规律，应对挑战。因此，面向国家有效应对全球变局风险的重大战略需求，亟须加强国家重大突发事件应急供应链体系建设，将风险管理提升到国家战略高度已成为应急研究当务之急。

本书从观察人工智能的来临和发展、应急物资配置偏差到应急管理智能化转型的必要性出发，试图借助人工智能不同路径相互融合，通过剖析受灾群体脆弱性和关键物资特征，以重大突发事件应急物资动态需求精准配置为主旨，按照"特征挖掘—需求预测—调度优化"的逻辑顺序，在国内应急管理的现代化水平基础上，应用实证检验和可行性论证后，生成优化应急物资调度模型，以供决策者参考。同时，生成的记录结果回溯至历史数据库，优化应急管理决策系统，进行深度学习，提供了发展应急决策方法的新思维模式。主要内容如下：

首先，基于人工智能不同路径相互融合的独特研究视角，在梳理人工智能"模拟人类大脑"传统路径的基础上,提出融合"大数据深度学习"技术路径的应急物资实时需求预测方法,既不同于以往传统路径的应急物资静态需求预测研究,也不同于一般意义上分阶段动态应急物资需求预测,同时扩展了模糊数据挖掘与实时信息融合的内容,是应急物资管理领域中运用人工智能技术和方法体系融合的创新性尝试,有助于在人工智能技术加持下突破传统的应急物资离线/静态预测的研究范式,丰富和完善突发事件应急物资需求预测理论知识体系。

其次,针对突发事件初期信息需求迫切且信息难以获取的实际情况,提出一种新的更适用于实际灾情需求的预测方法和模型,主要解决以下3个决策问题:第一,针对以往仅依靠应急救援管理人员和专家的主观判断或仅应用时间序列推理预测方法的不足,提出了案例推理分析和时间序列分析相结合的新模型,既可以借鉴以往宝贵的历史案例经验,还可以结合新发生的震灾案例进行科学的时间序列预测;第二,基于中国幅员辽阔、人口基数大和人口分布不均匀的国情,提出"平均人口密度"的概念,并将其引入模型构建,提高预测科学性和精度,更符合震灾实际需要;第三,针对实时动态应急物资需求量预测研究的不足,构造了基于案例推理方法的时间序列分析模型,通过1948年以来中国重大地震案例库的真实数据校验得到令人满意的结果,为研究应急物资筹集及调度优化等问题提供决策支持。

再次,以突发事件应急响应期间的任务转换和应急管理目标为依据,分别探讨了基于灾情信息特征的两大类调度优化决策问题,即完备灾情信息和非决策灾情信息方面的调度优化决策。完备灾情信息方面,主要从多目标规划的视角解决了以下两个决策问题:第一,构建应急调度优化相关的输入和输出决策单元,并通过数据包络分析的模型改进对应急时期不同阶段的调度方案进行效率排序和优化决策；第二，从多响应点的视角，基于公平性约束条件构建考虑物资特性等因素的调度优化决策模型，并通过多目标演化优化算法进行求解，最后分析了公平性和救援能力的关系。非决策灾情信息方面，主要通过数据挖掘方法解决以下两个决策问题：第一，应用统计分析方法对灾民特性进行初步探究，对中国汶川地震和日本神户地震的真实数据进行多重比较分析，为基于灾民特性的模糊调度优化模型构建提供参考；第二，应用机器学习和数据库相结合的数据挖掘方法，通过对经典 Apriori 算法的改进，构建考虑灾民特性的、基于模糊灾情信息的调度优化决策模型。

最后，立足于应急物资管理体系整体分析的研究思想，构建了人工智能不同路径融合下的突发事件应急调度模式，主要分为应急物资需求预测、应急物资调度优化和政府应急云平台 3 个模块。同时，针对目前广泛应用的协同和占线的有效途径，以灾害情景为背景构建调度优化决策模型，对其进行有效途径的机制探究。分别基于合作博弈协同和路径占线的有效途径，应用相关定理对已构建的调度模型进行数学推导并得出相关结论，并从调度协同和占线优化的视角对应急调度优化的有效途径进行探讨。

本书是在国家自然科学基金项目"风险管理视角下重大突发事件应急供应链可靠性优化研究"（72204130）和山东省高等学校青创科技支持计划"山东省产业链供应链韧性和安全水平提升研究"（2023RW028）资助下完成的。其中，本书的第 4 章系著者在美国伦斯勒理工学院访学期间与泛美交通协会主席 José Holguín-Veras 教授合作完成，第 7 章系著者在日本九州工业大学访学期间与酒井浩教授合作完成。针对书中涵盖的大多数研究，著者曾赴美国、瑞士和日本等国参加本学科领域国际学术会议并进行相关会议报告和学术交流。

希望本书的研究能够对人工智能视域下发展应急物资管理理论、实现应急物资调度的快速响应和提高应急物资调度的效率与效益起到一定的推动作用，针对其主要组成部分建立较为系统的应急物资调度优化理论与决策方法，为决策者解决当前应急物资调度管理的关键问题和薄弱问题提供参考和借鉴。由于著者水平有限，书中难免存在不足之处，恳请广大读者批评指正。

著　者

2024 年 4 月

目　录

第1章　绪论 ··· 1

1.1　研究背景与研究问题 ····································· 1

1.1.1　研究背景 ··· 1

1.1.2　研究问题 ··· 3

1.2　研究目的与学术价值 ····································· 3

1.2.1　研究目的 ··· 3

1.2.2　学术价值 ··· 4

1.3　研究现状与评述 ··· 5

1.3.1　应急物资需求研究现状 ····························· 5

1.3.2　应急物资调度优化研究现状 ························· 8

1.3.3　应急物资调度优化有效途径研究 ···················· 11

1.3.4　国内外研究现状的评述 ····························· 12

1.4　研究方法与研究内容 ····································· 16

1.4.1　研究方法 ··· 16

1.4.2　研究内容 ··· 17

第2章　突发事件应急物资调度优化的理论分析 ············ 20

2.1　突发事件应急物资调度的相关概念 ···················· 20

2.1.1　突发事件概念及分类 ······························· 20

2.1.2　人工智能和数据挖掘 ······························· 23

2.1.3　应急物资需求内容 ································· 25

2.1.4　应急物资调度特征及原则、体系构建和决策过程 ······· 27

2.2　突发事件应急物资调度优化相关理论基础 ·············· 32

2.2.1　应急物资动员理论 ································· 32

2.2.2　生命周期理论 ····································· 33

   2.2.3   应急物资调度优化理论 ·· 35

 2.3 突发事件应急物资调度运作流程分析 ························· 38

   2.3.1   前期准备 ··· 39

   2.3.2   物资储备管理 ··· 39

   2.3.3   调度指挥中心运作 ··· 40

   2.3.4   物资运输和配送 ··· 40

 2.4 本章小结 ·· 42

第3章   基于云模型的突发事件分级研究 ························ 43

 3.1 我国突发事件分级规定与分级影响因素分析 ············· 43

 3.2 云模型与云发生器 ·· 44

   3.2.1   基本概念 ··· 44

   3.2.2   隶属云发生器 ··· 45

 3.3 基于云模型的突发事件分级模型研究 ····················· 46

   3.3.1   突发事件分级的研究思路 ································· 46

   3.3.2   突发事件分级模型具体步骤 ····························· 47

   3.3.3   算例分析 ··· 52

 3.4 本章小结 ·· 54

第4章   人工智能视域下应急物资需求预测模型 ················ 55

 4.1 基于"模拟人类大脑"路径的应急响应初期需求快速预测 ····· 56

   4.1.1   案例推理技术与时间序列分析 ··························· 56

   4.1.2   应急响应初期物资紧急需求预测的影响因素 ············· 59

   4.1.3   CBR-ARIMA 预测模型构建 ······························ 62

   4.1.4   应用实例 ··· 66

 4.2 基于"大数据深度学习"路径的应急响应中后期需求

      精准厘定 ·· 72

   4.2.1   支持向量机 ··· 72

   4.2.2   应急响应中后期物资动态需求预测的影响因素 ··········· 73

   4.2.3   SVM-ARIMA 预测模型构建 ······························ 74

   4.2.4   应用实例 ··· 77

 4.3 本章小结 ·· 85

第5章　人工智能在关键应急物资特征挖掘中的应用 ······················· 86

　5.1　基于受灾群体特征的调度优化模型 ··························· 86
　　5.1.1　受灾群体特征概述 ···································· 86
　　5.1.2　测度指标筛选 ······································ 88
　　5.1.3　灾民特性模型构建 ···································· 90
　　5.1.4　应用实例 ··· 92
　5.2　基于关键物资特征的调度优化模型 ··························· 94
　　5.2.1　关键物资特征概述 ···································· 94
　　5.2.2　关键物资特征分析方法 ·································· 94
　　5.2.3　应用实例 ··· 95
　5.3　本章小结 ··· 104

第6章　基于多目标规划的应急物资调度优化模型 ····················· 105

　6.1　基于改进的数据包络分析的单OD调度优化模型 ·················· 106
　　6.1.1　指标体系的构建 ····································· 108
　　6.1.2　问题描述与假设 ····································· 108
　　6.1.3　模型数学表达与算法 ·································· 109
　　6.1.4　算例分析 ··· 113
　6.2　基于公平约束的多OD调度优化模型 ························· 118
　　6.2.1　问题描述与假设 ····································· 119
　　6.2.2　符号解释 ··· 120
　　6.2.3　模型数学表达与算法 ·································· 121
　　6.2.4　算例分析 ··· 124
　6.3　本章小结 ··· 127

第7章　基于模糊灾情信息的调度优化模型 ·························· 129

　7.1　灾情数据挖掘及Apriori-SQL算法 ·························· 129
　　7.1.1　模糊的非决定性信息系统（RNIS） ······················· 129
　　7.1.2　基于SQL的NIS-Apriori算法 ·························· 131
　　7.1.3　属性变量与决策变量选取 ······························ 135
　　7.1.4　模型数学表达与算法 ·································· 136

  7.1.5 算例分析 ·· 137

  7.2 基于工作绩效云预测的应急物资运送指派问题 ········ 142

  7.2.1 指派问题的标准形式 ································ 142

  7.2.2 工作绩效云预测的指派问题 ························ 143

  7.2.3 算例分析 ·· 143

  7.3 本章小结 ·· 146

第8章 应急物资调度优化有效途径的机制探究 ············ 147

  8.1 基于合作博弈理论的应急物资调度协同机制探究 ········ 147

  8.1.1 应急物流协同 ·· 147

  8.1.2 问题描述与假设 ·· 149

  8.1.3 模型构建及符号解释 ·································· 150

  8.1.4 案例验证 ·· 150

  8.2 基于占线路径的应急物资调度优化模型 ················ 154

  8.2.1 占线优化及竞争比概述 ······························ 154

  8.2.2 问题描述与讨论 ·· 156

  8.2.3 模型构建及符号解释 ·································· 156

  8.2.4 案例验证 ·· 158

  8.3 本章小结 ·· 162

第9章 突发事件人工智能应急调度优化模式研究 ·········· 163

  9.1 人工智能不同路径融合下的应急物资管理研究 ········ 164

  9.2 人工智能视域下应急调度优化模式构建 ················ 165

  9.3 政府开放应急管理数据的必要性和建议 ················ 169

  9.3.1 政府开放应急管理数据的必要性和存在的问题 ···· 169

  9.3.2 完善我国政府开放应急管理数据的风险和对策 ···· 171

  9.4 我国重大突发事件应急物资管理的优化建议 ············ 172

  9.4.1 数据分析和预测 ·· 172

  9.4.2 智能物资调配 ·· 172

  9.4.3 实时监测和响应 ·· 173

  9.4.4 风险评估和优化 ·· 173

  9.4.5 技术和政策措施 ·· 173

9.5 本章小结 ……………………………………………………… 174

第 10 章 结论 ……………………………………………………… 175

参考文献 ……………………………………………………… 177

第1章 绪 论

1.1 研究背景与研究问题

1.1.1 研究背景

突发事件具有前兆不明显、处置复杂和破坏严重等特点，给处置决策方带来很大的压力和困难，威胁着人类自身的生存和社会经济的持续发展。近年来，我国各类突发性灾害事件发生周期明显缩短，发生频率显著上升，社会公共安全危机已由非常态化的偶发转变为近常态化的频发，如 2001 年美国"9·11"恐怖袭击、2008 年汶川"5·12"大地震、2011 年日本"3·11"大地震、2013 年青岛"11·22"东黄输油管道泄漏爆炸及 2019 年全球性新冠疫情等，均造成严重的人员伤亡和经济损失。为有效提高国家突发事件应急应对能力，《国家突发公共事件总体应急预案》《中华人民共和国突发事件应对法》强调，应急物资调度配置、运输保障及应急响应机制等环节为应急管理中的关键建设环节。2018 年 3 月，中华人民共和国应急管理部的正式成立更加彰显了国家对应急管理体系构建及应急计划制订和实施的重视。党的二十大报告提出"完善国家安全法治体系、战略体系、政策体系、风险监测预警体系、国家应急管理体系"，把应急物资保障作为国家应急管理体系建设的重要内容。2020 庚子年新型冠状病毒在新春佳节肆虐华夏大地。随着新冠疫情的蔓延与抗"疫"战斗的打响，全国各大医院相继发出紧急求援公告，征集口罩、护目镜和防护服等物资。鉴此，研究如何根据疫情演化规律和物资需求实际情况对应急物资进行有效的配置问题意义重大。

应急防护物资的精准预测和科学配置是疫情防控的有力保障。习近平总书记在中央全面深化改革委员会第十二次会议上强调，要健全统一的应急物资保障体系，把应急物资保障作为国家应急管理体系建设的重要内容[1]。

当下，随着大数据和云时代的到来，人工智能在金融、教育、医疗健康和电商零售等领域得到广泛应用。为推进我国人工智能产业健康发展，国务院及工业和信息化部、科技部等也陆续将其列为重要议题纳入相关政策、法规，拉开了新一代人工智能的革新性序幕。如何依托人工智能的技术优势有效提高政府应急管理决策能力，应对救援情境的模糊性及应急决策时间的紧迫性等挑战，建立快速、高效的应急物资管理体系是目前亟待解决的重要问题。1956 年，人工智能（Artificial Intelligence，AI）由麦卡锡正式提出，对其的研究历经近 70 年沉淀可归结为两条研究路径。一是传统研究路径，即通过机器模拟大脑的运行方式进行人工智能系统构建。该路径源于对人类大脑构造、思考和行为方式的深入挖掘，并依赖心理学、行为科学和神经科学等多学科交叉。二是基于大数据和深度学习算法的信息处理技术，以机器自身超高的运算精度和超强的数据处理能力为优势进行机器学习。这一研究路径因其在大数据和深度学习算法方面的应用，已经在多个领域取得了显著的进展，特别是在物联网的商业物资管理中。谷歌、亚马逊、阿里巴巴等科技公司在这一方向上的研究尤为突出，推动了人工智能技术的快速发展。不同于商业数据的大规模体量和可获取性，应急管理数据通常体量小、采集难度大且对数据质量要求较高，同时，我国应急管理以政府为主体，超过 80% 的数据资源为政府所占有和支配。因此，在大数据和人工智能的新思维背景下，政府应急部门的信息资源数字化转型是社会发展大势所向。

突发事件应急物资管理（应急物流）作为一种特殊的物流活动，其能力的高低和功能节点的协同程度，是衡量突发事件紧急救援效率和过程管理能力的重要因素，也是减少受灾人员伤亡、降低灾区经济损失的主要保障。然而，突发事件的不确定性、救援环境的复杂性和应急需求的随机性等因素增加了应急物流系统各环节的协调难度和运行的复杂度，往往导致众多突发事件救援效率低下、救灾成本巨大，甚至带来更为惨重的后果。相关资料显示，在重大自然灾害和人为灾害造成的损失中，应急物资紧缺或提供不及时等原因造成的损失，占灾害总损失的 15%~20%[2]。尽管我国的突发事件防御体系已有了长足进步，应急应对能力日渐提高，也建立了一系列应急法律、法规体系，但是"统一领导、综合协调、分类管理、分级负责、属地管理为主"的应急管理体制、机制和法制还不完善。在突发事件应急管理的众多研究方向中，专家学者尤为关注应急物流和应急物资管理相关研究。其原因在于大多有效应急救援的本质和核心即对各类应急物资进行科学动员、快速决策、优化利用和统一分配的过程。这表明，突发事件应急物资管理问题属应急管理领域的关键性问题，其中首要的则是解决应急物资需求预测和调度优化问题，也是应急物资管理实践中面临的难题和前沿性课题。

1.1.2　研究问题

应急物资调度优化问题是应急管理领域中的首要研究内容，是所有突发事件发生后救援决策机构和组织指挥机构必须面对的关键问题。然而，世界各国突发事件应急管理的实践表明：无论是发达国家，还是发展中国家，都不可能、也没必要将所需应急物资在事前全部予以储备。因此，在突发事件发生后，如何高效率、低成本地将所需应急物资调度到应急物资需求点，是各国应对突发事件需要持续解决的重大课题。总结众多应急管理紧急救援的经验和教训，目前突发事件应急物资调度领域中突出的问题主要有以下两个。一是不同阶段的应急物资需求预测精准度问题。决策结果与实际偏差较大，在实际救援工作中对决策专家的主观依赖性较强，需求预测难度较大往往导致应急物资冗余或不足，难以推广应用。突发事件应急物资需求预测是应急物资调度优化的重要前提和基础，如何依据突发事件特性，针对不同生命周期对应急物资需求进行预测等是应急管理领域需要解决的首要问题。二是应急物资调度和指派效率问题。目前国内应急物资管理研究不系统，物资调度与物资需求预测和突发事件分级等尚未形成一个整体，如何构建出效率高、运行成本低和稳定性强的应急物资管理网络，无疑是应急物资调度研究的重要内容。这些问题既是应急物资管理应用研究中的核心问题，也是本书需要着力解决的问题。

1.2　研究目的与学术价值

1.2.1　研究目的

本书以"重大突发事件应急物资管理"为研究对象，从人工智能优化决策的视角，提出应急物资体系整体分析的研究思想，借助数据挖掘相关理论与方法，在对应急物资需求预测及调度的现有研究成果总结分析的基础上，就应急救援物资管理关键技术研究的不足，展开深入研究。主要研究目的如下。

（1）从应急物资管理的整体分析视角，构建突发事件分级、应急物资需求预测、应急物资调度模型的体系架构，建立有利于应急物资流动的通道，为应急物资调度的优化与应急决策搭建良好的支撑平台。

（2）从应急救援生命周期不同阶段的特征出发，提出并使用一种新方法构建与突发事件死亡人口相关的应急物资的实时需求预测模型，为保障应急物资的充分供给、明确不同阶段灾后物资需求量及各节点应急物资流量的调度优化提供决策支持。

（3）关注灾情信息数据挖掘的实际情况，对完备灾情信息和非决策性灾情信息背景下物资调度问题进行优化决策，分别构建了多目标调度优化决策模型和基于绩效云的应急物资指派模型，通过将研究理论与实际救援情况相结合，达到提高应急物资调度效率和将研究成果有效转化的目的，并通过模型构建为智能决策系统提供模块原型依据。

（4）有助于拓展人工智能技术在应急管理领域中的应用研究。本书将人工智能"模拟人类大脑"的传统路径和"大数据深度学习"的技术路径挖掘有机融合，为突发事件不同的响应时期提供实时、科学的需求预测方案，同时通过建模分别对应急物资需求进行响应初期快速预测和中后期动态预测，同时将二者进行信息融合以实现受灾群体需求预测和优化过程更清晰化、智能化，提高我国应对突发事件应急物资管理的决策能力和效率。

1.2.2 学术价值

本书以重大突发事件为研究背景，在对相关理论进行梳理的前提下，以决策理论为基础，基于应急动员管理理论、生命周期理论和物资调度优化理论，构建人工智能视域下应急物资需求预测和调度优化模型。

（1）有助于拓展人工智能技术在应急管理领域中的应用研究。针对现有应急物资管理系统的功能相对简单，难以支持重大突发事件背景下对应急物资管理问题做出高效决策，本书从应急物资管理面临的实际问题出发，在梳理人工智能"模拟人类大脑"传统路径的基础上，提出融合"大数据深度学习"技术路径的应急物资实时需求预测方法，充分考虑突发事件属性和应急响应周期特征，在非决策性信息系统背景下，构建了基于机器学习和面向数据库相结合的震灾应急物资调度优化决策模型。本成果将推动人工智能思想及技术在应急物资管理实务中的融合嵌入，具有广泛应用前景和推广价值，对实现快速、高效的智能化应急管理体系有重要的理论决策意义，具有一定的理论前瞻性。同时，运筹学、决策科学、社会学、计算机科学和管理科学与工程学等多学科理论与方法的综合运用，使应急物资调度优化这一研究突破单一学科限制，促进跨学科的交叉研究。

（2）有助于支持"重大经典突发事件应急管理案例库"建设。在实证分析方面，本成果以 1948 年以来国内重大地震案例库、1995 年日本神户大地震、2011 年日本"3·11"大地震、2019 年新冠疫情等重大突发事件的真实数据为基础，通过深度挖掘与其显著相关的应急物资供应时间序列规律，对差异化对策下不同时期应急响应状态进行动态仿真。本成果突破了应急物资需求定性预测和主观判断的局限，基于现有文献、经验分析和理论分析，综合利用申请人在美国和日本访学期间所收集到的历史案例库及访谈数据，保证研究论证说服力，为我国重大突发事件应急物资动态管理提供实证参考和借鉴。

（3）本研究通过系统构建应急物资调度优化模型，能够完善应急物资管理系统各个环节的解决方法，有效解决在应急物资管理活动中多目标多动态点和模糊非决策信息系统的优化决策问题。同时，通过深度挖掘受灾群体特征和关键物资特征，精准厘定应急物资需求，剖析需求预测结果与目前应急响应机制的现实偏差，通过动态调整应急物资预测及配置方案从而有效改善供需不一致问题，达到降低应急物流成本和提高灾害救援效益的目的，也提高了对高脆弱性群体的社会关注度。在对策应用方面，关注国务院及应急管理部关于推进大数据、云计算等新技术在防灾减灾救灾体制中的政策指导，地方政府参与推进人工智能背景下应急物资管理的关系互动，在灾害信息获取、模拟仿真、预报预测、风险评估、应急通信与保障能力等方面，为国家突发事件应急体系提供具体、有效的政策决策支持。

1.3　研究现状与评述

1.3.1　应急物资需求研究现状

应急物资需求研究是应急物资调度配置前的首要工作，其研究内容主要包括应急物资需求影响因素研究、应急物资需求分类研究、需求预测方法及模型研究。针对重大突发事件应急物资需求预测问题，学者们大多从预测模型、规则和算法方面展开研究，如案例推理（CBR）分析方法、时间序列分析模型、支持向量机（SVM）模型等。郭小梅[3]通过在决策中运用形象思维，以特定案例数据作为参照，克服了 Wu-Palmer 算法对上下层语义拆分计算的不足；段在鹏等[4]采用 CBR-GRA 双重检索技术构建物资需求预测模型，科学分析了台风灾害所需救灾物资的类型、数量及时空需求分布情况，有效提升了检索可靠性和预测速度；朱晓鑫[5]、黄星[6]分别应用案例推理分析和鲁棒小波 v – 支持向量机构建重大地震灾害应急物资需求预测模型；刘德元等[7]运用 Hebb 学习规则调整特征因素权重值以寻求最佳相似案例，解决了模糊信息条件下应急物资需求预测问题；周敏[8]通过建立基于灰色 – 马尔科夫链的需求预测方法，利用受灾人数与物资间的需求函数关系，估算雅安地震受灾点应急物资的日需求量；此外，从定性需求预测的角度，张斌等[9]通过分析台风成灾因子、孕灾环境和承灾体，提出了基于精细网格的台风灾损空间模型，快速预测了灾区受灾情况和救援物资的定性需求；Jiuh Biing Sheu[10]通过多准则决策方法决定物资优先次序，提出了基于不完备信息的自然灾害应急物资动态需求预测和分配模型；José Holguín-Veras 等[11]则着重应用时间序列方法中的 ARIMA 模型，对卡特里娜飓风灾害即时资源需求及其时间模式进行了数值估算；Burcu Balcik 等[12]通过嵌入禁忌搜索启发式算法针对鲁棒的路线持续时间约束，开发了一种实现评估路线可行性和灾后需求快速评估的实用方法。

（1）应急物资需求影响因素及分类。应急物资需求的影响因素主要是不确定性因素，如时间、地点和灾害等级等，同时受受灾区域的人口特征、经济与政治条件等可明确描述因素的影响。例如，Ozlem Ergun 等[13]认为每个阶段有不同的需求模式，灾前，需求模式包括基于预测的预案编制，需求呈现不确定性；一旦灾难发生，需求变得复杂，随着灾区评价小组的最终报告才可以使需求逐渐确定；灾后，需求会变得稳定且容易预测。对于应急物资需求分类的研究，首先是 Jiuh Biing Sheu[14]提出高效分配应急物资是快速应对自然灾害的关键，并采用模糊分析法计算了随着时间变化的应急物资需求及受影响区域的分类；国家发展改革委组织编制了《应急保障重点物资分类目录（2015 年）》，将应急保障重点物资进行了划分。其中，现场管理与保障类，主要涵盖突发事件发生后为维持应急处置现场正常运行所需的物资；生命救援与生活救助类，以"人"为核心，主要涵盖突发事件处置中与各类人员安全、搜救、救助、医疗等有关的物资；工程抢险与专业处置类，紧紧围绕"物"，主要涵盖突发事件处置中交通、电力、通信等基础设施恢复，以及污染清理、防汛抗旱和其他专业处置等所需的各类物资。

（2）应急物资需求数量预测研究。目前，应急物资需求数量预测以专家经验为主。苗鑫等[15]将神经网络预测与扩展卡尔曼滤波相结合用于动态预测。网络的输入值也是用了与决定物流需求量相关的影响因素的动态变化值，如此使网络不同时期的输出结果不同，实现了物流需求的动态预测。但是该书针对的并不是应急物资需求问题，使用的方法需要的数据量较大，不适合地震时只能使用少量样本数据训练神经网络的预测特点。此外，作者还利用模糊聚类法对应急需求区域及其需求优先度进行分析。郭金芬等[16]发现物资需求量的多少与震后存活人数有着密切的关系，因此首先用 BP 神经网络对震后伤亡人数进行了预测，然后根据人均每日物资需求量公式计算应急物资的需求量，来指导物资调配和运输工作。该书使用间接预测方法，不是直接预测物流量，而是通过预测死亡人数，再计算物流量，但该方法只能对死亡人数总数做出预测，不具有动态性。

（3）需求预测方法及模型研究。本书重点研究信息不确定条件下，如何预测受灾区域应急物资的数量和结构问题，其方法及模型研究集中于模糊数学、时间序列、人工智能等。

1）基于模糊数学的应急物资需求预测。冯海江[17]利用应急救援消耗品资源与时间、受灾人数及人均需求量等关系，提出了一种需求预测方法。但由于灾后的混乱状况，需求人员本身的数量很难在短时间内准确获取，导致了估计失准[18]。Mei-Shiang Chang 等[19]提出了一种利用地理信息系统（GIS）的分析功能来估计不同降雨量情况下应急救援需求区域点和需求设备量的方法。王晓等[20]在案例推理法的基础上，结合多元线性回归、模糊集理论和神经网络 Hebb 学习规则，试图解决在突发事件下，应急物资需求预测不精确、不完备的问题。例如，Jiuh Biing Sheu[10]提出了大规模自然灾害后在不完全信息情况下应急物流运作的动态需求模型，它包含以下几个步骤：

步骤一，集中数据以便预测各受灾区域的物资需求；

步骤二，以模糊聚类法将所有受灾区域分为几组；

步骤三，用多准则决策方法决定这些组别的优先次序。

他还以算例验证该模型在不完全信息情况下其动态救济需求预测和分配的效果，结果表明模型的整体预测误差小于 10%。

2）基于时间序列的应急物资需求预测。时间序列理论（Time-Series

Processes）非常灵活，适用于动态需求预测，目前基于该类理论的自回归整合移动平均模型（ARIMA）、指数平滑法（Exponential Smoothing）和独立同分布法（Independent Identically Distribution，IID）已经广泛用于应急需求预测。实时应急需求预测必须克服需求不确定性问题，这是时间序列理论相关方法做不到的，另外，历史需求信息缺失会导致时间序列理论相关方法无法发挥作用。

3）基于人工智能的应急物资需求预测。聂高众等[21]以震后各种灾情要素为变量，提出了定量化快速确定地震灾区可能的救援物资需求的一系列模型关系式。邓树荣等[22]根据《应急物资分类及编码》（GB/T 38565—2020），对 2007 年以来有记录的物资投入数据进行梳理统计，采用数值拟合方法构建震后物资需求模型。郭晓汾[23]根据救灾物资的需求特征，基于案例推理理论，运用人工智能技术，提出了救灾物资需求即时估测的新方法；郭瑞鹏[24]在分析了应急物资需求与特点的基础上，运用人工智能中的案例推理技术，提出了基于案例推理的应急物资需求预测方法。震灾应急物资调度优化的前提是准确预测灾后救援所需的物资种类和数量。但是，地震灾害的突发性和救援环境的复杂性对应急物资的预测提出了更高的要求。郭金芬等[25]在分析地震发生时间、震级、震中烈度、抗震设防烈度、地震预报水平等影响因素的基础上，利用 BP 神经网络算法对灾后伤亡人员数量进行预测，然后应用定量订货法估算灾区应急物资的需求量。傅志研等[26]通过将目标案例和相似源案例进行归一化的欧式算法处理，寻求最佳相似源案例，构建基于案例推理的关键因素模型，进行救援物资需求预测，并运用于"汶川地震"的实例中。

概括来说，针对应急物资的需求预测方法主要包括基于案例推理的需求预测法、基于多因素的需求预测法和基于风险分析的需求预测法。其中，基于案例推理的需求预测法是一种模拟人类推理和思考过程的方法论，是人工智能领域一项重要的推理方法。它是将以前案例的处理经验应用于新案例的一种推理模式，应用的关键是在求解问题时，调用案例库中过去解决相似问题的经验和得到的知识，并相应地调整新旧情况之间的差异，从而获取新案例的解，同时将其添加到案例库中。随着案例库内容的增多，系统的"经验"将会越来越丰富。

1.3.2　应急物资调度优化研究现状

许多学者对应急物资调度问题进行了研究，按照目标函数不同，可以将相关研究分为 3 类：①以最小化运输费用为目标；②以最小化延迟时间为目标；③以最短路径为目标。

（1）以最小化运输费用为目标的相关文献

Knott[27] 提出了一个救援食品调度的线性规划模型，用于散装食物运输与提高运输车队的效率，它的目标是最小化运输费用或最大化运输食物的数量。作者论证了任何救援物资供应活动的总体目标都是将正确混合的食物在受灾群众最需要的时间运送给他们。作者建立了研究问题的数学模型，目标是减少救援物资运输的总体费用，它包括 3 个约束条件：第一个约束条件是在一个时间周期内交付的货物数量必须大于最低需要量；第二个约束条件是货车使用天数不能超过车辆可以使用的时间；第三个约束条件是交付的食品数量不能超过可以供应食品的数量。该救援物资运输模型的目标是制作一个易于理解与使用的决策工具，帮助操作人员决策食品组合、货车与受灾点的最优组合。总体来说，该文献提出的模型属于单一货物品种、单一运输方式的网络流问题。

Barbarosoglu 等[28] 提出了一个两阶段随机规划模型，用来在灾害发生后制定关键的最初批次救援物资的运输计划。该模型主要解决的也是救援物资从起点向终点的运输问题及救援行动初期的供需失衡问题，而没有涉及车辆的调度问题。

（2）以最小化延迟时间为目标的相关文献

Barbarosoglu 等[29] 研究了使用直升机运输救援物资的问题，便于制订直升机物资运输的调度计划。作者设计了一个迭代计算步骤以协调上层与下层模型的目标值，来求解整个模型的近似最优值。Heung-suk[30] 认为在既没有向受灾地区运输救援食品的计划也缺乏应急食品储备的情况下，向受灾地区紧急运输救灾食品所面临的主要问题是分配。该模型通过分阶段的方法来制订最优救援物资分配计划；Linet[31] 详细描述了应急救援物资运输的场景条件：应急物资运输目标函数是尽量减少救援物资需求满足的时间延迟，供应救援物资的种类较多，有多个物资供应点与需求点，使用多种运输方式，车辆可以在网络中的任意一点出发；何建敏研究了大规模灾害发生时多出救点车辆调度的组合优化问题。当大规模灾害发生时，仅一个出救点往往不足以提供所需要的大量应急资源，所以提出了多出救点的组合优化问题。

（3）以最短路径为目标的相关文献

Fu 等[32] 将在不确定性旅行时间的交通网络下的最短路径问题定义为动

态随机最短路径问题（The Dynamic and Stochastic Shortest Path Problem, DSSPP），在网络中有部分或全部弧的旅行时间不是固定的，而是会随机变化的，它的概率分布依赖到达该弧的不同时刻，因此可以通过随机过程来表示随机网络中路径搜索过程，并且假定在任意单个弧上的旅行时间是独立统计的。根据以上定义作者在随机网络中弧的旅行时间概率分布已知的前提下，给出了对应概率密度函数的随机过程的期望值和它的偏差定义，以及任意路径的期望旅行时间的定义。对任意一条路径进行多次随机实验，每次随机实验表示在相同时间下离开源点沿该路径到达终点，由于网络的动态随机特性，每次实验的结果中到达终点的时间与组成路径的每条弧的旅行时间是随机变量，在该路径上的旅行时间也是随机变量，它的分布依赖每条弧的旅行时间分布与离开源点的时间。由于路径的旅行时间是随机变化的，因此对于标准的最短路径算法将不能在随机网络中得到最小期望旅行时间的路径。为此作者基于 K 最短路法设计了解决动态与随机网络中期望最短路径的启发式算法。它首先基于弧的平均旅行时间搜索出 K 条最短路径，将这些路径的旅行时间按降序排列，并存储在一个链表中。从该链表的头部依次取出一个路径，按照公式计算它的期望旅行时间，如果该路径的期望旅行时间比当前的最小值还小，则替换它为候选路径，在这 K 条路径的期望旅行时间都计算出来后，就得到了最短期望路径。最后通过一个实际网络演示了设计算法的质量与计算有效性之间的平衡关系。

Miner-Hooks 等[33]分析了 3 种最短路径问题。对于网络中弧的旅行时间固定不变，可以使用 Dijkstra 等标准最短路径算法求解；对于网络中弧的旅行时间随机变化，但时间的概率分布不依赖每天不同的时刻而变化，可以使用弧的期望旅行时间作为随机网络中弧的旅行时间，这样可以将随机网络转化成等价的旅行时间固定网络，使用最短路径算法求解。所以该书的重点是阐述随机网络和已知网络中弧的概率分布依赖每天不同时刻而变化的期望最短路径的计算方法。该书基于标签修订算法设计了两个求解期望最短路径算法，它们分别是期望值算法和期望下界法。期望值算法旨在计算在特定周期内，从所有源点到单一终点的期望最短路径及其期望时间。算法的执行流程如下：①初始化。创建一个候选列表，为图中的每个顶点分配一个初始标签，并根据当前最短路径的期望时间来初始化这些标签。②选择与检查。从候选列表中选择具有最短期望时间的顶点标签，作为当前考虑的顶点。③路径更新。对于所选顶点，检查并重新计算从源点到该顶点的路径，并与现有标签值进行比较。如果发现更短的路径，则更新标签。④迭代优化。重复上述选择、检查和更新步骤，直到候选列表中的所有顶点标签都被检查和更新过。⑤收敛完成。当候选列表中的顶点标签不再发生变化时，算法结束，此时每个顶点的标签值为该顶点到终点的最终期望最短路径值。根据算法分析结果，该算法虽然最差情况下的计算复杂度为非多项式算法，但是对于一个平均进出度为 4 的网络，该算法的性能比期望下界法好。期望下界法是一个确定最短期望路径的期望旅行时间的下界算法，但是它没有相关路径信息。最后文献通过广泛的算例来演示了算法的计算性能及这两个算法的特性。

计雷等[34]提出，在突发事件中物资运输的首要问题是尽快将物资运送到指定的灾害发生地，此时的运输问题变成了带时间约束的运输问题，目标函数不仅仅是成本最小化，更重要的是运送时间最小化。因此应急管理的运输问题是一个多目标组合优化问题。从上述文献综述可以看出，国外部分学者对应急物资调度优化问题进行了一些开创性研究。但是国内目前对应急物资调度相关研究的定量研究部分比较少，在中国知网以"应急物资调度"为主题关键词进行文献搜索，一共检索到 554 篇文献，其中一部分是关于化学危险品、电力电网和石油石化等的应急物资调度，而关于灾害应急物资调度的部分文献中，大多以时间、成本或距离的某一项为单一目标进行调度模型构建［如 1.3.2 中（1）（2）（3）所述］，创新性和实用性不强，因此，本书在第 4 章构建了以调度时间、成本、距离及物资成本等为目标函数的多目标应急物资调度优化模型，并在给定了具体实现方法后，对相关算法进行改进并求解。

1.3.3 应急物资调度优化有效途径研究

Yoshitaka Kuwata 等提出了一种新的定量研究应急决策支持系统有效性的评估方法，该方法可适用于评价和衡量决策有效性；Angran Xiao[35]提出了"协同机制"分布式环境下多学科交叉的决策；Linet[36]提出动态的"时间间隔"研究方法可以作为解决应急物流决策支持系统交通问题的有效途径，主要将待研究问题转化为两个多物品网络流决策模型，并用算法对提出的模型进行验证；Orsoni Alessandra[37]针对海运应急物流系统提出了"仿真决策支持系统"的有效途径；David Mendonca 等[38]应用"博弈模拟"方法有效地对应急反应的群决策支持系统进行评估并取得良好效果。

张明等[39]在分析传统决策支持系统的缺陷后，提出了互联网和决策支持系统与协同机制相结合，智能协同支持决策系统模型构建的有效途径，进而详述了所构建模型的功能设置和体系结构等；郭朝珍等[40]针对群体决策支持系统决策模型的实现技术，着重研究了 GDSS 的通用性问题，提出了针对内容导向型和过程导向型两种模式的相应协同决策方法；邓伟等[41]提出了建立和完善各类信息系统和数据库用于应急管理；祁明亮等[42]总结了应急管理的研究内容，并重点综述了其中的决策辅助模型，指出了应急管理今后的发展方向；王国政[43]在其硕士论文中对现有决策支持系统、协同工作及相关决策算法的研究成果做了简单介绍，并给出了基于电子白板的分布式协同决策支持系统的概念和模型；路永和等[44]通过对供应链协同决策特征的描述，提出了供应链协同决策内容、协同决策信息的建模过程和组织模式，由此分析了 Web 服务在构建供应链协同决策支持系统中的技术优势；张萍等[45]依据供应链的工作流程，设计了 6 个供应链决策代理及其体系结构，研究了基于黑板的分布协作模式，并构建了基于近似搜索算法的供应链协调计划求解策略；马占军等[46]研究了基于多 Agent 系统的应急物流疏散仿真系统，以及动态多目标应急救援物资物流的决策支持系统框架；张肃等[47]研究了基于 OODA 环的作战理论，分析了协同作战的主要环节和机制，提出用对策论研究协同决策的思路，然后针对经典矩阵和模糊矩阵对策的不足，提出了一种策略偏好模糊矩阵对策模型，给出了基于模糊规划的最优策略求解算法；赵林度[48]重点研究了城市群协同应急决策模式和决策机制，在城市应急管理组织机构和城市群应急管理主体协同研究的基础上，提出了"学习—应急—协同"的应急决策模式；Zhang Zhiyong 等[49]对基于集对分析模型的应急物流系统进行了评价研究；Ye Haiyan 等[50]提出了基于"多层规划"的模型和决策算法作为应急物流多层规划的有效途径。

1.3.4 国内外研究现状的评述

在应急物资需求预测优化决策模型的研究方面，准确的应急物资需求预测是应急物资调度优化决策的重要前提和基础，目前应急物资的需求预测还主要依赖应急救援管理人员和专家的经验，以主观判断为主，预测方面存在较大的随意性和盲目性，缺乏科学、有效的预测方法作为指导，对目前存在的具体相关研究总结如下：首先，部分研究是通过预测震后伤亡总人数，并根据其与应急物资需求量的关系，进而间接预测食品、药品和生活用品等救济物资的需求总量，即震后救援所需要的全部物资需求量，而对于不同时期的实时物资需求预测涉及较少，并且灾后应急不同阶段的动态应急物资需求量对应急物流效率十分重要，实时物资需求预测的缺失或预测不准确不仅会对后续的物资筹集、调度及配送等工作产生干扰，而且会影响应急物流效率，进而可能会造成更严重的生命财产损失；其次，很多现有研究忽略了"人口密度"对物资需求预测的影响，既然应急物资需求主要是灾民的需求，那么灾后的灾民伤亡情况预测便和受灾地区的人口分布息息相关，尤其在中国这样地域辽阔、人口分布不均匀的国家，人口密度会较大程度地间接影响灾后的灾民物资需求量；最后，在研究方法上，多数研究侧重应用案例推理方法，将待预测案例与以往的历史案例相比较后得出预测结果，或者应用时间序列模型，基于已知数据对未来一段时间的需求量进行预测，这两种预测方法的缺陷是前者不能科学地预测出实时动态的物资需求量，后者不能有效地总结历史经验，因而目前在物资需求预测领域的研究方法亟待改进，以便更有效地对物资需求进行科学预测。

在应急物资调度优化决策模型的研究上，首先，大多数关于应急物资调度优化的研究主要对时间最短、成本最小或路径最短等单一目标进行优化，而没有考虑震灾初期多种因素应同时被兼顾的实际情况，应急中后期由于灾后救援情况趋近稳定，对时间的约束趋于弱化，此期间灾民对于维持基本生活需要的物资需求逐步降低，对于应急救援的公平期待值升高，而多数研究并未将各受灾点的物资"调度公平性"作为重要的约束条件，这样即使对时间、成本和距离等目标进行科学优化，却忽略了真正的受益者——灾民心理层面的公平性；其次，大多数研究主要是在灾情信息完备可知的前提下进行的，在中国知网以"应急物资调度"为主题检索到的文献中，无论是调度鲁棒优化、分阶段优化还是多资源组合优化等研究都是建立在已知相关信息的前提下，而忽略了灾情信息虽然关键，但经常发生缺失或不确定的情况，尤其在应急初期，来自四面八方的灾情信息大量涌入，常常无法确定模型构建所需要的目标变量值；最后，在中国知网中几乎没有找到在"灾民特性"的基础上进行的应急物资调度优化研究的相关文献，而事实上，无论是应急物资动员过程还是调度优化过程，终极目标都是最大限度地减少生命财产损失和满足灾民需求，灾民的不同特性直接决定调度物资的需求种类、数量及灾民的满意度等，而这种对灾民特性因素的忽略往往造成应急物资调度优化与灾民实际需求不一致的结果，导致资源冗余或不足，救援效率低下。

人工智能在应急物资管理方面的理论研究和实际应用，虽然取得了一定进展，但仍然存在一些不足之处。这些不足涉及技术、数据及实际应用中的挑战和限制等多个方面。首先，从技术层面来看，尽管人工智能技术在图像识别、语音识别、自然语言处理等方面已经取得了巨大的进步，但在应急物资管理中的应用仍然存在一些挑战。例如，其对于复杂应急场景的智能感知和决策支持能力仍然有待提高。在灾害发生时，环境可能会受到严重破坏，传感器数据可能不完整或不准确，这就需要人工智能系统具备更强大的适应性和鲁棒性。同时，针对应急物资管理中的多变环境和不确定性，当前的人工智能技术在实时感知和决策方面还存在一定局限性，需要进一步加强研究。其次，数据也是人工智能在应急物资管理中面临的一个重要挑战。应急物资管理涉及大量数据，包括地理信息、气象、人口流动等数据，然而这些数据往往分布在不同的部门和系统，并且存在格式不一、质量参差不齐的问题。当前，如何实现不同数据源之间的有效整合和共享，如何确保数据的及时性和准确性，以及如何保护个人隐私和数据安全等，都是亟待解决的难题。缺乏高质量的数据会严重影响人工智能系统的训练和应用效果，因此需要在数据采集、处理、共享和隐私保护等方面进行更深入的探索和研究。再次，在实际应用中，人工智能在应急物资管理中还面临着一些挑战和限制。例如，目前大部分的应急物资管理系统还处于原型阶段，缺乏大规模的实际应用和验证，这就导致一些问题出现，如系统的可靠性和稳定性有待进一步验证，用户需求和实际场景的匹配性需要更多的实践检验。最后，应急物资管理涉及多个部门和层级的协同合作，而不同部门之间的"信息孤岛"和协同机制不畅，成为制约人工智能在应急物资管理中发挥作用的一个因素。因此，如何促进跨部门、跨层级的信息共享和协同工作，成为当前应急物资管理实践中一个亟待解决的问题。

综上所述，现有研究围绕应急物资管理的主要研究内容，提出了众多具有开创性的基本理论和系统方法。在技术、数据及实际应用方面都需要进一步深入探索和研究，以提升系统的智能化水平和实际效能，更好地为突发事件应急管理提供支持和保障。随着应急管理理论的发展和实践的不断深入，现有研究中有待持续研究的问题日益显露出来。①没有把应急物资管理问题作为一个整体进行研究，缺乏系统性。本书的主要研究内容是应急物资调度优化的相关管理问题，该问题在应急物资动员管理中地位重要且与应急物资需求预测关系紧密，而目前多数研究只对应急物资管理系统中部分内容或环节进行了研究，没有将应急物资需求预测、调度和配送环节作为应急物资动员整体进行研究，导致关键的应急体系各环节脱节，这样便使得局部研究因没有考虑到其他环节的影响因素而失去研究价值和意义。因此，如何根据应急物资管理特点和需要，系统研究应急物资管理相关理论和决策问题，并使灾害应急物资研究形成较为系统的理论和方法体系，是当前应急物资调度优化研究亟待解决的难题之一。②目前多数应急物资管理的研究仍未充分考虑人工智能分析方法的应用。在以往的研究中，应急物资管理往往依赖传统的统计和经验方法，存在信息获取不及时、处理效率低下及决策过程不够智能化等问题，这使得在灾害发生时，物资的调配和分配难以迅速而精准地进行。人工智能技术的迅速发展为应急物资管理提供了新的解决方案。机器学习、数据挖掘和自然语言处理等人工智能技术可以在信息处理、预测分析、资源调配等方面发挥关键作用。例如，基于大数据的分析可以更准确地预测灾害发生的可能性和影响程度，从而提前做好应对准备。在当前应急物资管理研究中，人工智能分析方法的应用尚未得到充分关注。然而，通过了解人工智能在其他领域的成功案例及初步的应用研究，我们可以看到其在提高应急物资管理效率和准确性方面的潜在优势。未来的研究应当更加深入地探讨人工智能在应急物资管理中的具体应用场景，以推动这一领域的发展。③研究模型往往侧重于复杂模型，与实际灾后的救援情况脱离，研究成果得不到有效转换和应用。研究人员往往倾向于开发复杂的模型来解决各种问题。这些复杂模型可能会在理论上具有深入的洞察力，却忽略了实际情况是否能应用，特别是在灾后救援等紧急情况下，变量设置是否符合实际救援条件，应急管理领域的研究纷繁复杂，实际灾害来临时却极少能派上用场，导致研究成果难以有效转化和应用。首先，复杂模型通常需要大量的数据和计算资源来训练和运行。在灾后救援的紧急情况下，时间和资源往往十分有限，无法满足复杂模型的需求。此外，复杂模型的运行可能需要高度专业化的技能和知识，这在紧急情况下可能难以获得。其次，复杂模型往往缺乏透明度和可解释性。决策者需要能够理解模型是如何做出推荐或预测的。然而，复杂模型往往是黑盒子，决策者无法准确理解其中的运作机制，这可能导致他们对模型的信任度下降，从而影响到研究成果的应用。最后，复杂模型可能过度拟合训练数据，导致在实际场景中的泛化能力不足，从而降低了其实用性和可靠性。

1.4 研究方法与研究内容

对于研究人员而言，对应急管理问题的分析应当更加注重简洁、可解释性和具有较强泛化能力的模型的开发和应用。这些模型在实际应用中应更易于操作和理解，更能够满足灾后救援等紧急情况下的需求，从而确保研究成果能够有效地转化和应用，为实际行动提供有力支持。另外，与实际突发事件案例相结合是推动研究成果应用的关键步骤。通过将模型与实际案例结合，研究人员能够更好地观察模型在真实场景中的表现，并根据实际需求进行调整和优化。这种实证研究方法有助于建立与现实世界紧密对接的模型，提高其实用性和可操作性。此外，通过实际案例研究，研究人员还能够更深入地了解模型在特定灾害或事故情境下的局限性和优势，为未来改进提供有益的经验教训。

针对上述应急物资管理研究上的不足，本书以人工智能为契机，以数理分析为主要手段，采用定性与定量、抽象与具体相结合的研究方法，对应急物资需求预测等管理问题进行相关研究。首先，以往的应急物资调度优化研究大多只集中于物资调度分析，而忽略了突发事件分级和应急物资需求预测的重要性，本书缓解了以往研究在应急管理体系中不系统的分散问题；其次，结合突发事件救援实际情况，分别构建了基于多目标优化、基于调度工作效率和基于模糊灾情信息的应急物资调度优化模型；最后，通过对人工智能技术和方法在应急物资管理领域发展动态的梳理，对应急物资调度有效调度模式问题进行分析和探讨，并提出了政府开放应急管理数据的必要性观点和建议。

1.4.1 研究方法

突发事件应急物资调度优化决策问题涉及管理学、决策科学、人工智能、计算机等多个学科领域，根据研究目标与内容，本书基于理论研究、实证研究与建模仿真相结合的研究方法，将定性分析与定量研究、静态研究和动态分析贯穿始终，具体研究方法如下：

（1）系统分析法。①综合集成系统方法论：将"应急物资管理网络"视为复杂系统，将应急物资的生产、筹集、储存、运输作为不同组织元素，有助于从整体上提升优化层次和效能。②网络拓扑系统分析法：结合复杂网络理论，分析供应链的结构及其特征，构建供应链拓扑结构模型，并揭示重要特性和统计规律。③流程分析法：绘制从起点到终点可供分析的供应链详尽流程图，用于分析并发现潜在失效环节及薄弱环节，特别是交接处可能产生的潜在风险。

（2）人工智能与数理统计法。①运用改进的 NIS-Apriori，将灾民脆弱性、物资特征等作为属性变量，筛选出与决策变量相关的关键属性。②运用 ARIMA 与 SVM 相结合的方法预测物资动态需求，将非线性问题变换为线性问题求解，有效提高需求预测结果的准确性。③采用 CBR 和 ARIMA 相结合的方法，基于应急管理不同生命周期的特点构建需求预测模型。

（3）定性分析法。①解释结构模型：基于国内外文献和案例检索提出科学问题，结合专家访谈和数理统计分析对应急物资属性及受灾群体特征指标等进行初步定性探究。②情景分析法：通过分析影响势态发展的驱动因素来呈现各种潜在发展趋势，考虑到的情景更为全面，运用活动理论、层次分析法探究应急信息需求进而定性化，通过建模和仿真来测试不同对策的有效性，从而为实际应急响应提供策略支持。

（4）实证分析法。①典型解剖法。本书采用了重大突发事件案例的真实数据进行算例分析，验证模型和方法的有效性，检验决策过程和结果的可行性。②搜集重大突发事件历史案例库、区域人口统计数据库及应急物资供应时间序列数据等，并对上述资料整理分析。

1.4.2　研究内容

本书通过系统分析的基本思想，以人工智能相关方法为主要手段，采用人工智能与数理统计、定性与定量相结合等研究方法，以重大突发事件分级研究为基础（第 3 章），以应急物资需求预测（第 4 章）为重点内容，以受灾群体和关键应急物资特征挖掘（第 5 章）为关键要素，以应急物资调度优化（第 6 章）、模糊灾情信息背景下调度配置研究（第 7 章）为核心主旨，以应急物资调度优化有效途径的机制探究（第 8 章）、人工智能应急调度优化模式研究（第 9 章）为优化提升，对应急物资调度优化问题进行系统化综合性研究，其中，包含突发事件分级、受灾群体特性分析、关键应急物资特征挖掘、基于"模拟人类大脑"路径的物资需求预测、基于"大数据深度学习"路径的物资需求预测、多目标规划调度优化、模糊灾情信息背景下调度配置、基于工作绩效云预测的指派问题、调度优化有效途径的机

制研究和人工智能应急调度优化模式研究 10 个子问题。根据研究思路和主要研究内容,本书具体结构安排如下:

第 1 章 绪论。本章提出研究背景与研究问题及其目的和学术价值,逐一综述应急物资需求研究现状、应急物资筹集研究现状、应急物资调度优化研究现状、应急物资调度优化及其有效途径的研究现状。通过研究现状综述,分析现有研究的不足,提出本书的研究内容。

第 2 章 突发事件应急物资调度优化的理论分析。本章是全书的理论基础,构建理论分析框架,主要从突发事件、应急物资、需求分类及调度流程等方面对相关概念和相关理论(应急物资动员理论、生命周期理论和应急物资调度优化理论)进行阐释和界定,为本书后续的研究提供优化和决策支撑平台。

第 3 章 基于云模型的突发事件分级研究。根据正态隶属云的数学模型,探讨了隶属云发生器(MCG)的实现技术及应用情境,并依据突发事件应急救援的任务和应急目标的变化,通过模型构建、算法计算和案例研究,提出了突发事件分级的决策方法与模型。

第 4 章 人工智能视域下应急物资需求预测模型。承接前两章的概念和理论分析,应用人工智能相关方法,为保障应急初期受灾区域基本物资供给及应急响应工作迅速展开,基于人工智能"模拟人类大脑"的传统路径和"大数据深度学习"的技术路径,通过应用案例推理分析、BP 神经网络和遗传算法,构建应急物资初期和中后期需求预测模型,为后续调度优化决策相关内容奠定基础。

第 5 章 人工智能在关键应急物资特征挖掘中的应用。着眼于定量与定性相结合,通过剖析应急物资需求预测结果及目前应急响应体制与现实的偏差,主要针对重大突发事件中受灾民众的特性和应急物资的关键特征进行挖掘,拓展了情景分析和仿真技术在应急管理领域中的应用研究,对实现构建快速、高效的应急管理体系有重要的决策意义。

第 6 章 基于多目标规划的应急物资调度优化模型。本章结合"多目标规划"的数学分析、优化决策思想和数据挖掘相关算法,承接第 4 章的应急物资需求预测模型,主要解决灾情信息完备条件下的多目标应急物资调度优化研究,构建了以调度时间、成本、距离及物资成本等为目标函数的多目标应急物资调度优化模型,并在给定了具体实现方法后,对相关算法进行改进并求解,分别构建了基于数据包络分析和基于公平约束的调度优化模型。

第 7 章　基于模糊灾情信息的调度优化模型。本章主要针对突发事件信息缺失或模糊的特点，分别应用数据挖掘的统计分析方法和机器学习与数据库相结合的方法，构建了非确定性灾情信息条件下应急物资调度优化模型。同时，根据工作效率矩阵可知和未知的不同情况对应急调度指派方案的决策进行了研究，根据不同运输工具以往对调度任务完成的效率情况构建了应急调度指派模型，并通过相关算法对应用算例进行求解，此模型适用于解决应急响应中后期已知不同调度工具运输效率情况下的调度方案决策问题。

第 8 章　应急物资调度优化有效途径的机制探究。本章旨在从整体优化应急调度网络的角度，分析有效的调度途径机制。选择了目前研究和应用较广泛的"协同机制""占线路径"，分别建立了应急调度优化模型，并对其提高应急调度效率的机制进行了数学推导和有效性分析。

第 9 章　突发事件人工智能应急调度优化模式研究。本章主要基于"模拟人类大脑""大数据深度学习"这两条路径在人工智能发展中相辅相成的内在关系，根据突发事件生命周期不同阶段的特点和响应情境，提出针对应急物资管理进行不同路径相互融合的新思路。同时，以人工智能应急管理的发展为目标，从政府应急管理数据开放的视角给出相应的政策和建议。

第 2 章　突发事件应急物资调度优化的理论分析

2.1　突发事件应急物资调度的相关概念

2.1.1　突发事件概念及分类

重大突发事件是指在一定时空范围内，由自然灾害、人为事故、公共卫生事件等突发因素引发的、造成严重人员伤亡和财产损失、严重干扰社会生产和生活秩序的事件。这类事件的发生往往需要紧急处置和救援，以减少损失、恢复秩序、保护人民安全。

《中华人民共和国突发事件应对法》是国家出台的一项法律文件，旨在规范和管理各类突发事件的应对工作。根据该法，中国的突发事件主要分为自然灾害、事故灾难、公共卫生事件和社会安全事件四大类别。这四类突发事件在中国的法律框架中具有特殊的地位和管理机制，有不同类型的应对措施和责任主体。

（1）自然灾害

自然灾害是指由自然因素引发的、具有突发性和不可预见性的灾害事件，如地震、洪涝、台风、暴雨等。自然灾害常常对人民生命财产和社会稳定造成严重威胁，因此对其的预防、监测和应对具有重要意义。例如，在地震预警、防洪减灾、山体滑坡等方面需要有针对性的措施和机制，以减少自然灾害可能造成的损失。

1998 年中国长江洪水是中国近 50 年来最严重的洪水之一，导致数千人死亡、数百万人无家可归，中国大部分城市受到严重破坏。灾情之严重震惊了国内外，中国政府采取了大规模的紧急救援和灾后重建行动。2005 年，美国新奥尔良遭受卡特里娜飓风袭击，导致大面积地区被淹没和破坏、成千上万人无家可归，造成数千人死亡。这场灾难暴露了当地政府和联邦政府在应对自然灾害中的失误和漏洞。2008 年中国汶川地震是中国历史上破坏性最大的地震之一，导致近十万人死亡或失踪、几十万人受伤、数百万间房屋倒塌。地震发生后，国家启动了大规模的救援行动，投入大量人力物力进行搜救和重建工作。2011—2017 年，东非地区遭受了严重干旱，导致数百万人面临食物和水资源匮乏的困境。肯尼亚、索马里、埃塞俄比亚等国家受灾最为严重，国际社会纷纷提供援助以应对干旱危机。

（2）事故灾难

事故灾难是指由人为因素引发的、具有突发性和严重影响的事故事件，如部分交通事故、工业生产事故、火灾等。这类事件可能导致大量人员伤亡、财产损失和环境污染，因此需要及时有效地应对和处置。事故灾难的防范和应对包括事故隐患排查、应急演练、事故调查处理等方面的工作，旨在减少事故对社会的不良影响。

1984 年印度博帕尔毒气泄漏事件是全球历史上最严重的工业化学事故之一，导致数千人死亡、数十万人受伤。这场事故暴露了印度工业安全管理的严重缺陷，引起了国际社会的广泛关注和反思。根据新华网的报道，官方统计显示，1986 年苏联切尔诺贝利核事故核泄漏现场直接导致 31 人死亡，之后一段时间内，约 9000 人罹患绝症相继离世。然而，国际环保组织"绿色和平"估算，事故可能造成一二十万人死亡，是人类历史上最严重的核事故之一。2013 年西班牙圣地亚哥—德孔波斯特拉列车出轨事故是西班牙近年来最严重的交通事故之一，导致数十人死亡、数百人受伤。事故原因是列车司机超速行驶，引发了列车出轨，该事故暴露了铁路安全管理上的漏洞。

（3）公共卫生事件

公共卫生事件是指在全球范围内或某个国家、地区内突然发生的传染病或其他公共卫生问题，会对公众健康和社会稳定造成严重影响。这类事件往往具有快速传播、高致病性、高死亡率等特点，需要紧急而有效的公共卫生应对措施。公共卫生事件类重大突发事件是由病原体、病毒、细菌、有毒物质、环境污染等引发的、具有致病性和社会扩散性的事件，这些事件可能包括但不限于传染性疾病、食物中毒、职业中毒、环境健康危害等。这些事件不仅影响个体的健康，还可能导致社会进入紧急状态，给经济、医疗系统和社会秩序带来严重挑战。应对此类事件需要跨学科、跨部门的综合协调，以及医疗救治、疫情监测、公众宣传、国际合作等。

2003年非典型肺炎（SARS）是一种由SARS冠状病毒引起的急性呼吸道传染病。它于2002年底在中国广东被发现，迅速传播到全球多个国家和地区。SARS具有高度传染性和致病性，患者呼吸道症状明显，部分患者病情迅速恶化。该疾病的暴发导致数千人感染，导致约10%的病例死亡，对全球公共卫生产生巨大冲击。各国政府采取了紧急隔离、医疗救治、疫情监测等措施。世界卫生组织（WHO）也积极协调各国的防控工作，推动科研机构加速进行疫苗研发。2014年埃博拉疫情在西非国家（尤其是几内亚、塞拉利昂和利比里亚等）暴发，迅速扩散至其他国家。埃博拉病毒具有高致死率，主要通过直接接触感染者的血液、体液和器官传播。疫情期间，社会秩序受到影响，医疗系统面临崩溃，当地经济和社会稳定遭受巨大打击。国际社会联合应对，提供紧急援助，派遣医疗人员，加强边境卫生防控，同时加速进行疫苗研发。WHO宣布疫情结束后，各国继续强化防疫体系，以防止疫情再次暴发。2019年新型冠状病毒肺炎（COVID-19）是由一种新型冠状病毒引发的呼吸系统传染病，在全球范围内迅速传播。新型冠状病毒具有高度传染性，潜伏期较长，可通过空气飞沫传播。疫情暴发导致全球范围内数千万人感染、数百万人死亡，对世界各国的医疗、社会、经济等各个方面造成巨大冲击。各国采取封锁、隔离、检测、疫苗接种等多种手段来应对疫情。世界卫生组织与各国卫生机构合作，共同研发疫苗，加强信息共享，推动全球疫苗公平分配。2008年，中国暴发了奶粉中含有毒性化学物质——三聚氰胺的食品安全事件，截至2008年9月21日，因使用婴幼儿奶粉而接受门诊治疗咨询且已康复的婴幼儿累计39 965人，正在住院的有12 892人，此前已治愈出院1579人，死亡4人。该事件揭示了食品安全问题的严峻性，以及三聚氰胺会对婴幼儿肾脏造成严重损害，暴露了相关部门监管不力、企业缺乏责任心等问题。

（4）社会安全事件

社会安全事件是指危害国家政权、国家安全和社会稳定的突发事件，如恐怖袭击、暴乱、重大刑事案件等。这类事件可能导致严重的社会动荡和不良后果，因此需要有关部门果断采取措施予以应对和处置。应对社会安全事件涉及社会治安维护、反恐防暴、犯罪打击等方面的工作，以维护国家安全和社会秩序的稳定。

2014年3月1日晚，中国云南昆明火车站发生了一起严重的恐怖袭击事件。一群暴徒手持刀具、铁棍等凶器，在昆明火车站广场等处进行突然袭击，对火车站及其周边地区的民众进行疯狂砍杀，造成 29 人死亡、143 人受伤。这是中国近年来发生的一起严重暴力恐怖事件，震惊全国和国际社会。针对这一事件，中国政府迅速采取多项措施进行应对和处置。公安机关展开全面的调查和追缉工作，成功抓获了相关犯罪嫌疑人，人民法院依法对其进行了严厉的惩处。同时，政府加强了对火车站及其周边地区的安保措施，提高了公共安全防范意识和能力。此次事件促使中国政府进一步加强反恐怖主义工作，完善了相关法律法规和管理机制，为维护国家政权、社会秩序和公民安全提供了重要经验和启示。

2019 年 6 月，香港爆发了持续数月的社会动乱事件。抗议活动从最初的反对修订《逃犯条例》演变成广泛的政治抗议和示威活动。其间，部分示威者采取暴力手段，包括堵塞交通、破坏公共设施、纵火、投掷汽油弹等，引发了香港社会的动荡和不安。中央政府对此事高度关注，多次表态支持香港特区政府采取一切必要措施来维护香港的法治和社会秩序。同时，中央政府强调香港事务属于中国内政，任何外部势力不得干涉。香港特区政府采取一系列措施，包括加强警力、维护公共秩序、严惩暴力犯罪等，以维护香港的社会安全和稳定。在中央政府和香港特区政府的共同努力下，香港社会动乱事件逐渐得到控制，社会秩序逐步恢复正常。

综上所述，《中华人民共和国突发事件应对法》中对突发事件的分类和定义体现了对各类突发事件的认识和管理要求。这一法律框架为我国应对突发事件提供了明确的法律依据和指导，有助于加强对突发事件的预防、应对和处置工作，保障人民生命财产安全和社会稳定。重大突发事件对社会各个方面都可能造成严重的影响，因此，及时有效地应对和管理这些事件至关重要。通过深入理解重大突发事件的定义和分类，相关部门可以更好地采取相应的预防、减灾、救援和恢复措施，最大限度地减少损失，保障人民生命财产安全，促进社会的可持续发展。同时，加强国际合作，共同应对重大突发事件，也是各国应对此类挑战的重要途径。

2.1.2　人工智能和数据挖掘

人工智能和数据挖掘技术在应急管理中的应用已经取得了显著的成效，并为提高应急响应能力和降低灾害风险做出了重要贡献。随着技术的不断进步和应用场景的拓展，人工智能和数据挖掘将继续发挥重要作用，并为建设更加安全、稳定的社会做出更大的贡献。

2.1.2.1　人工智能和数据挖掘的概念

人工智能是指通过模拟人类智能过程的计算机系统，使计算机能够执行需要人类智能参与的任务，包括感知、学习、推理、规划、理解自然语言等方面。人工智能系统通过分析大量数据来从中学习，能够自动化地执行各种任务，以及通过不断的迭代和学习来提高性能。

数据挖掘是从大规模数据集中发现隐藏在其中的模式、关联和趋势的过程。它涉及使用统计、机器学习和数据库系统等技术来分析数据，并从中提取出有用的信息。数据挖掘的目标是发现数据中的潜在模式，并将这些模式转化为实际可用的知识。

2.1.2.2　人工智能和数据挖掘在应急管理中的应用与具体案例

（1）预警系统

在应急管理中，人工智能和数据挖掘技术可用于构建预警系统，帮助识别灾害风险并提前预警。通过分析历史数据和实时数据，系统可以识别出潜在的灾害迹象，并向相关机构和公众发送警报。中国的地震预警系统利用人工智能和数据挖掘技术，通过监测地震前兆信号和分析地震历史数据，预警可能发生的地震，为相关地区提前采取应急措施提供时间。

（2）情报分析

人工智能和数据挖掘技术可以帮助应急管理部门分析大量的情报数据，从中提取有用信息，并识别出潜在的威胁和风险。这有助于相关部门及时调整应急响应策略，并采取有效的措施应对潜在的危机。美国联邦调查局（FBI）利用人工智能和数据挖掘技术分析社交媒体上的信息，监测潜在的恐怖袭击威胁。他们通过识别关键词、情感分析等技术，及时发现并应对可能的安全风险。

（3）资源调配

在突发事件发生时，及时、有效地调配资源是应急管理的关键之一。人工智能和数据挖掘技术可以分析历史事件和资源利用情况，帮助确定最优的资源分配方案，以满足应急事件的需求。日本东京地铁系统利用人工智能和数据挖掘技术，分析乘客流量和列车运行情况，及时调整列车班次和站点停靠顺序，以应对突发事件或高峰期的交通压力。

（4）应急演练

人工智能和数据挖掘技术可以帮助应急管理部门进行虚拟演练和实时模拟，评估不同情景下的响应效果，并发现潜在的问题和改进空间，以提高应急响应的准确性和效率。欧洲航天局利用人工智能和数据挖掘技术对航天器发射和运行过程进行模拟和预测。他们通过模拟不同的飞行情景和异常状况，评估应对策略的有效性，并提前做好准备以应对可能的突发情况。

人工智能和数据挖掘在应急管理中扮演着重要角色。应急管理是指在突发事件发生时，通过组织、计划、指挥和协调等措施，最大限度地减少人员伤亡和财产损失，恢复正常生产生活秩序的过程。人工智能和数据挖掘技术在应急管理中的应用，能够提高信息处理和决策能力，加强预警和应对能力，提升应急响应效率和效果。

2.1.3　应急物资需求内容

2.1.3.1　应急物资需求的概念及特征

应急物资需求是指国家有效应对突发公共事件时的最低物资需求。这里的"有效"是指应对突发公共事件效率、效益高，紧急救援的效果好，所需应急资源得到合理利用；"最低"是指成功应对突发事件所需的最少物资数量和最优的应急物资配比。从定义可以看出，应急物资需求的定义包含了优化和决策的思想，即在特定灾害背景下，成功应对突发事件所需应急物资数量最少。应急物资的需求特征是指与常规物流需求相比，在突发性、时效性、不确定性和特定条件下的弱经济性、被动选择性等方面的差异。

应急物资需求的特点可以从以下几个关键方面进行详细分析。

（1）应急物资需求的突发性。突发公共事件的一个特点就是发生的突然性，由于事件发生的种类、性质和规模无法预知，一旦发生，往往都会使应急物资需求急剧膨胀，这种超过事前有限储备的需求具有明显的突发性和不可预见性。

（2）应急物资需求的时效性。灾害紧急救援中，灾害损失的扩大及次生灾害发生时供给量不足都可能加大灾害损失和人员伤亡，这就要求应急物资需求供应必须快速、有效和及时。

（3）应急物资需求的不确定性。突发事件发生时对需求信息的获取是渐进性的，尤其是在突发事件初期，信息十分匮乏，难以预测出整个事件所需应急物资，即便有可靠的预测手段和预测方法，预测结果仍具有高度不确定性。

（4）特定条件下的弱经济性。尽管灾害应急具有弱经济性特征，但这种弱经济性是分阶段的，是相对的，不是整个应急过程都是弱经济性的，在特定应急场景下，应急物资需求才具有弱经济性，如初期灾害应急具有弱经济性特征，但在灾害中后期，当灾情基本稳定、灾害蔓延得到控制时，在时效性优先条件下，决策者需要就应急物资需求的成本进行控制，以降低灾害损失，这时的灾害应急是具有强经济性特征的。当然，相对常规物流的强经济性而言，应急物资需求在整个灾害应急过程中仍是弱经济性的。

（5）应急物资需求的被动选择性。由于灾害发生具有不确定性和突发性，因此应急物流与常规物流不同，常规物流可事先根据终端需求预测整个阶段的各类需求，而应急物流是在灾害发生后，在极短的时间里按需求计划筹集到所需应急物资，具有被动选择性。

2.1.3.2　与伤亡人口相关的应急物资需求内容

（1）需求数量。应急物资需求数量是指成功应对突发事件所需的最低应急物资量。应急物资需求数量与灾害强度、灾害影响范围、灾区经济、人口密度等因素密切相关。一般来讲，应急物资需求数量与这些因素呈正相关，并随灾情的逐步控制和应对进度加快而逐渐减少。

（2）需求种类。应急物资需求种类是指特定灾害应急中对各类应急物资的需求。应急物资需求种类与灾种直接相关，不同灾种所需应急物资的种类有所不同，如一次重大地震灾害所需应急物资的种类往往多达数万种，其中与伤亡人口相关的应急物资种类最多，包括各种医用物资、生活物资和生命救助物资等。

（3）需求结构。应急物资需求结构是指各类应急物资之间的配比关系。优化需求结构是有效利用应急物资资源的重要方式，如果结构不合理，会造成大量应急物资浪费或闲置，还可能带给灾区人员更大的伤害，如血液与快速输血装置之间的配比关系，若血液供给充分，但快速输血装置供给不足或不及时，则可能导致更多伤员因得不到及时输血而伤亡。

2.1.3.3　应急物资需求与应急物资调度

应急物资需求与应急物资调度是应急管理领域中两个密切相关的概念，明确它们之间的关系和研究方向对于提升应对灾害和突发事件的效率和效果具有重要意义。在突发事件发生时，受灾群众的安全与否往往取决于应急物资的供给情况。应急物资需求的准确评估和及时满足，是保障受灾群众基本生活需求、维护社会秩序稳定的重要保障。应急物资调度是指根据需求情况，合理分配、调配和管理应急物资的过程，以确保物资能够快速、准确地到达灾区或受灾群众手中。因此，应急物资需求与应急物资调度密切相关，二者相互影响、相互制约，共同构成了突发事件的物资保障体系。

应急物资需求与应急物资调度密切相关，目前相关的研究方向主要包括需求预测与评估、应急物资调度优化、应急物资仓储布局、信息技术支持及应急物资管理政策与制度等方面，这些方向的深入研究将有助于提高应急管理的能力和水平，为突发事件的有效应对提供科学支撑。在应急物资动员理论中，物资需求预测是应急物资调度优化的重要前提和基础，应急时期不同阶段动态实时的物资需求预测对震后各受灾点的应急物资调度优化甚至可能起到决定性的作用。科学、准确的应急物资需求预测是应急物资调度优化的有力保障，二者互相依托、密不可分。

（1）需求预测与评估。研究如何科学、准确地预测突发事件发生后受灾群众的物资需求量，包括食品、饮用水、医疗器械等各类物资的需求情况，并对需求进行评估，为后续的物资调度提供数据支持。

（2）应急物资调度优化。研究如何在有限的资源下，通过合理地利用算法和模型进行物资调度，最大限度地满足灾区的需求。需要进行物资的运输路径规划、仓储管理、装载优化等方面的研究，以提高物资的利用效率和到达速度。

（3）应急物资仓储布局。研究在不同类型突发事件发生时，应急物资的仓储布局应该如何设计，才能最大限度地减少应急物资调度过程中的时间成本和资源浪费，提高物资响应速度和效率。

（4）信息技术支持。利用信息技术手段，如人工智能、大数据分析等，对应急物资需求和调度进行智能化管理和优化。通过建立信息平台、实时监控系统等手段，信息平台及时获取受灾情况和物资调度情况，为决策者提供科学的依据。

（5）应急物资管理政策与制度。研究应急物资管理的相关政策、法规和制度，包括物资储备、采购、调配等方面的政策设计与实施。通过完善政策制度，建立健全的物资保障体系，从而提高应对突发事件的能力和水平。

2.1.4　应急物资调度特征及原则、体系构建和决策过程

2.1.4.1　应急物资调度特征及原则

当自然灾害、事故灾难、公共卫生事件等突发公共事件发生时，应急反应的一项重要工作是及时调度救援物资到达事发现场，与一般物资调度相比，应急条件下物资的调度具有如下特征：

①紧急性。由于突发公共事件发生突然，变化剧烈，客观上要求调度决策和组织管理快速、有效，保证救援任务的及时完成。

②不确定性。应急物流具有随机性特征。突发公共事件发生的时间和地点不可预见，而且很难预测其发展和波及范围。道路、桥梁、场站等交通设施受到破坏，通行时间具有不确定性，应急交通措施及对车辆调度的影响也具有不确定性，这些不确定因素相互交织、相互影响，并随时间变化，这使得调度更加复杂和困难。应急物流需求是人们无法预先进行计划的。这不仅是应急物资调度区别于一般物资调度的一个特点，也是应急物资调度区别于军事物资调度、企业突发性物流和重大赛事演出物流的一个特点。

③弱经济性。突发公共事件对社会系统的基本价值和行为准则架构产生严重威胁，因此在应急反应中，应尽可能控制事态蔓延、减少人员伤亡、减轻灾民痛苦，尽快恢复社会秩序等非经济目标往往是应急物资调度的主要目标，而成本、效益等经济目标不再是主要目标。

④物资的有限性及流量的不均衡性。突发公共事件的突发性要求应急物资系统必须能够将大量的应急物资在极短的时间内进行快速运送。突发公共事件发生后，对救援物资（包括救援车辆）和救援人员的需求剧增，在短时间内通常没有足够的资源完全满足这些需求。

⑤事后选择性。应急物流需求的突发性和随机性，决定了应急物流的供给不可能像一般的企业内部物流或供应链物流，根据客户的订单或需求提供产品或服务。应急物资供给是在应急物流需求产生后，在极短的时间内向全社会采购所需的应急物资。

应急物资的调度不同于一般物资的调度，这是由其在突发事件的管理中所处的重要地位决定的，具体来说有以下几个原则：

①时间第一原则。在任何时候，应对突发事件都遵循时间第一的原则。能否在最短时间内调运到突发事件所需物资，直接决定着应急管理的成败。

②动态调度原则。突发事件在不同的阶段会有不同的发展状态，相应的会产生不同的应急物资需求。例如，在地震灾害初始时期需要大量的搜救器材及生命救助物资，但到中后期为了防止次生灾害的发生，则需防疫药品等应急物资。这就需要根据突发事件的发展状况及时地调整调度方案。

③成本最小原则。应尽全力满足突发事件所需应急物资，但是本着节约的原则，调度方案的制定需要在满足应急物资需求的基础上降低调度成本。

2.1.4.2　应急物资调度体系构建

应急物资调度体系是指在紧急情况下,为了满足各种突发事件中受灾群众的基本需求,对各类物资进行合理、有序、高效地调配和分配的系统。这一体系的建立与管理是灾害应对和紧急救援工作中至关重要的一环。

在突发事件发生后,首先要进行灾情评估和需求分析。通过与当地政府、专业机构和志愿者合作,获取受灾情况的详细信息,包括受灾范围、人口数量、受灾程度等,从而科学判断物资的需求量和种类。基于灾情评估的结果,物资调度中心制订详细的调度计划,包括物资种类、数量、运输方式、调度路线等。计划要综合考虑灾区的地理特点、气候条件、交通状况等因素,以确保物资能够迅速、准确地到达受灾地区。调度计划一旦制订,就需要迅速执行。物资调度中心要通过信息系统实时监控物资的运输状态,随时调整调度计划,确保物资能够按计划到达目的地,同时,要与相关部门、机构和志愿者保持紧密沟通,及时获取反馈信息。物资到达灾区后,需要进行及时分发和管理。分发过程要根据实际需求和受灾情况灵活调整,确保物资能够有序、公平地分发到各个灾区。物资管理包括库存管理、防损措施、过期物资处理等方面,以确保物资的有效利用。物资调度结束后,需要进行效果评估和总结。相关人员通过对整个调度过程的数据分析和反思,总结经验教训,为将来的灾害应对工作提供经验支持,同时,要及时修订和完善应急物资调度体系和管理流程,以适应不断变化的紧急情况。

在面对突发事件时,及时有效地调度应急物资是保障灾害应对和救援工作的关键环节。构建应急物资调度体系,旨在通过科学预测和合理分级,实现应急物资的精准调配和高效利用。

（1）应急物资需求预测

①数据收集与整理。建立应急物资调度体系的第一步是收集和整理相关数据,包括历史灾害数据、人口密度、灾害易发区域、医疗资源分布等。这些数据将作为预测模型的基础。

②模型选择与建立。根据数据特点和需求,选择合适的预测模型,包括时间序列分析、机器学习算法等。建立预测模型后,通过历史数据和现有变量来预测未来可能发生的灾害类型、规模和影响范围。

③模型验证与优化。利用历史数据对建立的预测模型进行验证,评估其准确性和稳定性,并根据验证结果对模型进行优化和调整,以提升预测效果。

④预测结果输出与应用。将经过验证和优化的预测模型应用于实际情景，输出预测结果并提供给相关部门和机构作为调度决策的依据，为应急物资的准确调配提供支持。

（2）突发事件分级

①制定分级标准。根据不同类型的突发事件，制定相应的分级标准。一般可从灾害规模、影响范围、人员伤亡、财产损失等方面进行评估，将突发事件分为不同等级，以便于调度和响应。

②实时监测与评估。建立实时监测系统，对突发事件进行实时跟踪和评估。通过灾情调查、数据分析等手段，了解突发事件的实际情况，包括发展趋势、影响范围等。

③分级决策与应急响应。根据实时监测和评估结果，对突发事件进行分级决策，并采取相应的应急响应措施。按照分级标准，调动相应等级的应急物资和人力资源，加强灾害救援和紧急处置工作。

④动态调整与反馈。随着突发事件的发展和变化，及时调整应急响应措施和物资调度方案，同时，收集各方反馈意见和建议，不断完善分级标准和调度机制，提高应对突发事件的效率和能力。

（3）应急物资调度体系构建

①资源整合与共享。建立跨部门、跨地区的应急物资资源库，整合各方资源，实现共享和互助。建立物资储备中心、调度指挥中心等，提高物资调度效率和灵活性。

②信息化建设与技术支持。利用信息化技术，建立应急物资调度平台，实现对物资和资源的实时监控和调度。利用 GIS 技术、大数据分析等，提高应急物资调度的智能化水平。

③人员培训与演练。加强应急物资调度人员培训和演练，提高其对突发事件的应急处置能力和协同配合能力。组织模拟演练、定期培训等，提高整体应急响应水平。

④多元化合作与协同机制。建立多元化合作与协同机制，加强政府、企业、社会组织等各方之间的协作与配合。促进资源共享、信息交流，形成合力应对突发事件。

应急物资调度体系的构建是一个系统工程，需要从事件分级、需求预测等各角度综合考虑，通过科学的模型和有效的机制，实现应急物资的精准调配和高效利用。只有不断完善和提升调度体系，才能更好地应对各类突发事件，保障社会稳定和人民安全。

2.1.4.3　应急物资调度决策过程

应急物资调度决策是一个涉及多种因素、多个目标的决策问题。应急物资调度的主要影响因素包括调度时间、调度成本、调度路网结构和运输工具等。

（1）调度时间。应急物资调度的及时性和准时性是衡量应急物资调度质量的最重要指标。在获悉灾害发生地的应急物资需求之后，要尽可能地缩短物资到达灾害发生地的时间。合理的应急物资调度决策方案必须满足灾害发生地对应急物资的时间要求。

（2）调度成本。调度成本是影响应急物资调度决策的重要指标之一，在进行物资调度路径优化时，要在满足应急物资时限要求的情况下，尽可能地降低物资调度的运输成本。

（3）调度路网结构。实现物资调度最基本的设施是道路交通网络，各级道路的路况水平、等级、覆盖范围、连通情况等都将对整个物资调度的决策产生影响。

（4）运输工具。运输工具是以整个道路交通网络为基础，实现物资调度过程的载体。根据不同运输工具的运输能力指标不同（包括速度、载重量等），来选择合适的运输方式，也是应急物资调度决策的重要目标之一。

突发事件发生后，应急物资调度系统中准时送货和合理安排物资调度这两个环节对减轻灾害发生地的损失非常重要，车辆路径问题（Vehicle Routing Problem，VRP）可以满足准时送货和合理安排物资调度的要求，因此，下面我们将详细介绍 VRP 并具体讨论 VRP 的模型及其求解算法。

如此构建的快速响应城市应急物资系统具有的功能包括：确定应急物资的品种、数量和应急调度工具的计划功能；制定应急物资运送方案的决策功能；实现应急物资采购及调度工具租用的执行功能；对整个应急物资调度过程进行监控调度的控制功能；调整应急物资调度系统中各参与方的责任、权利和义务的仿调预功能。应急物资调度系统结构如图 2-1 所示。

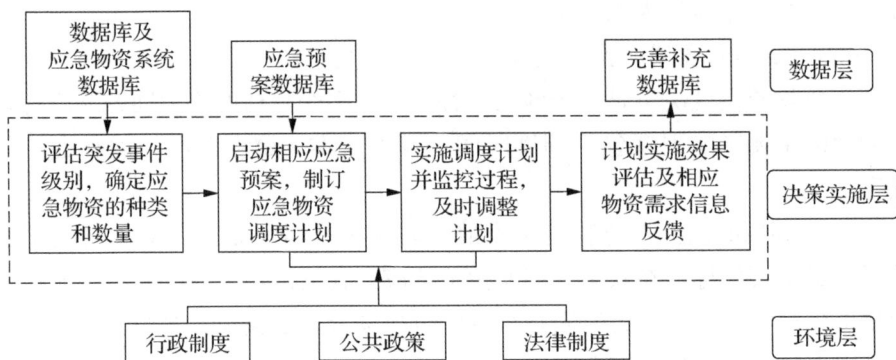

图 2-1　应急物资调度系统结构

2.2　突发事件应急物资调度优化相关理论基础

2.2.1　应急物资动员理论

2.2.1.1　应急物资动员的概念

　　应急物资动员属于国民经济动员的范畴，是国民经济动员的重要对象，是指国家为预防或处理突发事件，依法对灾害所需各类应急物资进行紧急筹集、调运和分配的活动。

2.2.1.2　应急物资动员的基本原则和法律依据

　　遵循一些基本原则是规范和协调应急物资动员活动的需要，应急物资动员具有如下基本原则：

　　（1）依法动员。在应急物资动员活动的开展过程中，政府和相关部门必须依法动员，在有效处置突发事件的同时，最大限度地保障公众合法权益。

　　（2）军地结合。灾害发生后，为提高国防资源利用效率，在保障国防安全前提下，将国防物资动员和社会应急物资动员结合起来，实现军民应急物资动员一体化，是提高应急效率和控制灾害损失的重要措施，也是目前应急管理的必然要求。

　　（3）适度和高效动员。应急物资动员主要是为满足灾区需求，这种需求应以最低限度为要求，动员过多会造成资源浪费，动员过少可能会带来更为严重的次生灾害。应急物资动员是为了灾区"应急"，各个动员环节都需要做到高效和统一。

（4）风险最小。应急物资动员是一项复杂的系统工程，任一环节出现问题都将影响整个动员任务的完成，只有做到筹集渠道广泛、急需物资充足、调运配送高效和分配运送精确，才能最大限度降低应急物资动员风险，保障应急物资按需、及时、有效送达。

应急物资动员的主要法律依据对促进应急物资动员基础理论研究、规范应急物资动员活动起到重要的激励和监督作用，也为本书设定物流节点和确定远灾区、近灾区轴辐网络层级提供了思路。

2.2.1.3　应急物资动员系统和动员过程

应急物资动员系统是由应急物资提供站点、运输工具、决策机构和需求点组成，它们通过物流节线和虚拟信息流传输线路相互连接，形成一个有机整体。当地震灾害发生后，相关决策机构根据需求预测和潜力数据库调查，迅速构建和优化应急物资动员网络结构，并提出应急物资动员方案，使应急物资在最短时间到达需求点，同时促使动员成本最小。国民经济动员状态一般划分为常态和非常态两种，常态是指日常的国民经济动员状态，即非应急状态；非常态是指应对突发事件或战争的国民经济动员状态，即应急状态。具体到灾害应急情景中，根据国民经济动员状态可将应急物资动员阶段划分为应急物资动员准备阶段、应急物资动员实施阶段和应急物资动员结束阶段。其中，应急物资筹集属于应急物资动员活动的核心功能之一，是应急物资动员各阶段的动员对象。通过对应急物资动员理论的分析，可为设定震灾应急物资筹集优化决策目标、明确关键性决策问题和确定不同筹集阶段枢纽节点数量等提供理论指导。应急物资动员过程如图 2-2 所示。

2.2.2　生命周期理论

生命周期理论是一种系统性概念，用于描述和分析事物从开始到结束的整个过程，强调事物的发展具有一定的规律性和阶段性。这一理论最初由德国生物学家恩斯特·海克尔（Ernst Haeckel）提出，后来被应用到多个领域，包括生物学、工程学、经济学等，成为跨学科研究的基础之一。

生命周期理论的内涵主要包括以下几个方面：

①阶段性发展。生命周期理论认为事物的发展过程可以划分为不同的阶段，每个阶段都具有独有的特征和任务。这些阶段通常包括起始阶段、成长

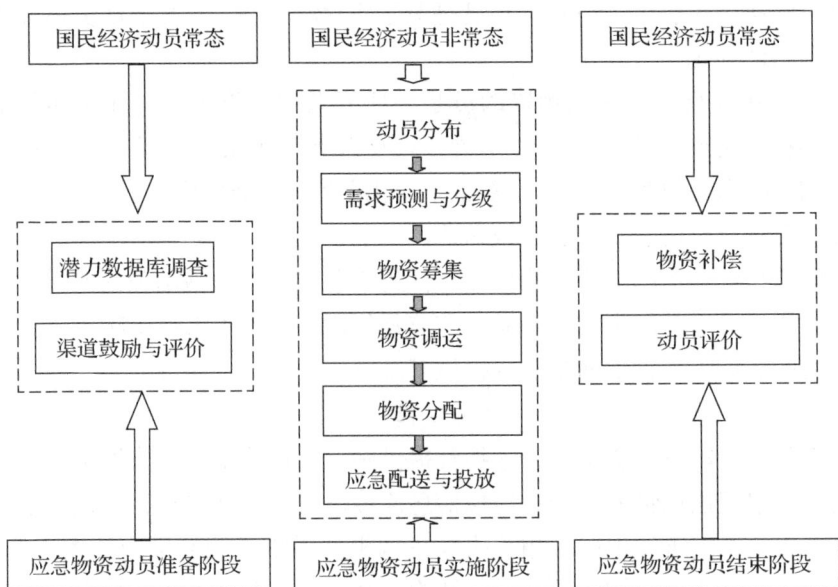

图 2-2　应急物资动员过程

阶段、成熟阶段和衰退阶段。

②动态平衡。在生命周期理论中，事物的发展是一个动态平衡的过程，即在不同阶段之间存在着相互作用和平衡。例如，在成长阶段，资源投入会增加以支持事物的发展，而在成熟阶段，资源的利用效率可能会更高，但增长速度会减缓。

③衰退和重生。生命周期理论认为事物在发展过程中可能会经历衰退阶段，这可能是市场变化、技术革新或其他因素导致的。然而，衰退并不意味着终结，事物可能通过重组、创新或其他方式实现重生。

④可预测性和管理性。生命周期理论为事物的发展提供了一种可预测的框架，使人们能够更好地理解和管理事物的发展过程。通过识别不同阶段的特征和规律，可以采取相应的措施来促进事物的发展或应对事物的变化。

应急管理是一种系统性的管理方法，旨在为各种紧急情况和灾难事件做准备和应对。生命周期理论在应急管理中具有重要的应用，可以帮助管理者更好地理解和应对紧急情况的发展过程。

①预防阶段。在生命周期理论中，事物的预防阶段通常是指防止问题发生或减轻问题影响的阶段。在应急管理中，预防阶段包括制定和实施预防措

施,如建立应急预案、加强监测、设立预警系统等。预防措施可以降低紧急
情况发生的可能性及其影响力。

②响应阶段。当紧急情况发生时,需要立即采取行动来应对和控制局
势。在生命周期理论中,响应阶段是对紧急情况的应对阶段。在应急管理
中,响应阶段包括启动应急预案、组织救援和应急服务、进行紧急物资调配
等行为。例如,在自然灾害中,政府和救援机构会迅速响应,向受灾地区派
遣救援队伍并运输物资。

③恢复阶段。紧急情况结束后,需要进行恢复工作,修复受损设施,恢
复生产和生活秩序,以及帮助受灾群众重新建立起正常的生活。在生命周期
理论中,恢复阶段是事物从危机中恢复到正常状态的阶段。在应急管理中,
恢复阶段包括评估损失、制订恢复计划、提供援助和支持等行为。例如,灾
后重建工作就是恢复阶段的重要内容,需要政府、社会组织和民众共同
努力。

④总结和改进。在紧急情况结束后,需要对应急响应工作进行总结和评
估,发现问题并提出改进措施,以提高应对能力和响应效率。这一过程也符
合生命周期理论中对事物发展不断适应和改进的观点。例如,各级政府和救
援机构会组织事后评估,总结经验教训,并对应急预案进行修订和完善。

2011 年 3 月 11 日发生在日本东北部的 9 级地震,造成了海啸和核泄漏
等严重后果,是日本近年来最严重的自然灾害之一。在这次灾难中,日本政
府采取了一系列应急管理措施,展现了生命周期理论在应急管理中的应用。

2.2.3　应急物资调度优化理论

2.2.3.1　应急物资调度的重要性及原则

突发事件情况下应急物资调度是应急管理中的一个核心问题,对整个应
急救援效果起到至关重要的作用。目前,国内外学者对应急物资调度问题的
研究多数集中在应急物资车辆调度问题上,即应急物资车辆路径问题,它是
从一般情况下的车辆路径问题(VRP)演化而来的,关键研究点是在应急
物资车辆调度过程中如何寻找最优行驶路径。因此,突发事件情况下应急物
资调度问题研究可以理解为应急物资 VRP 研究及其扩展研究。我国近些年
来的突发事件给国家造成了严重的经济损失。根据中国政府网的报道,2008
年南方雨雪冰冻灾害造成的直接经济损失为 1516.5 亿元,死亡人数达到
129 人,紧急转移安置 166 万人,倒塌房屋 48.5 万间,损坏房屋 168.6 万

间；汶川地震和青海玉树地震都是中国历史上的重大自然灾害，给当地人民的生命财产带来了巨大损失。这些直接说明了应急救援工作和应急物资调度工作的重要性。

突发事件发生后，短时间内需要大量的应急物资，因此，应急救援工作不仅是现场救援，更需要应急物资调度作为强有力的后盾来支持现场救援工作。应急物资调度的作用主要包括：快速调运物资和各类设备，减少物资缺损带来的损失；及时补充各类救灾物资，保障灾民基本生活；稳定民心和舆论，维护社会治安；帮助加快灾后重建。一个快速有效的应急物资调度决策，能够源源不断地将全国各地的应急救援物资运送到需求点，补充消耗的救灾物资，它既是综合国力的重要表现，也是国家科技和管理水平发展的标志。突发事件发生时，急需大量的运载车辆进行物资调运，如何进行高效、快速的决策使有限的应急资源能够准确地被调运到灾区，成为应急物资调度的重要研究内容。总体来说，应急物资调度包括存储、运输、搬运、装卸、配送等应急物流环节，相比之下，普通的物资调度多强调效益和利润，而应急物资调度更强调救援效果，它是物流研究领域一个重要的分支，已成为我国经济持续健康快速发展的重要保障力量。应对突发事件，需要整合所有组织和力量参与救援与调度，需要统一指挥、统一行动。在应急物资调度方面，主要原则有以下几项：

（1）快速反应原则

由于突发事件往往具有意外性强、破坏性大、发生演化快等特点，因此要求决策者在第一时间做出正确的判断与决策，救援越早，能挽回的损失就更多，否则就十分被动，反应速度的快慢在很大程度上决定了应急物资调度效果的好坏和应急救援的成败。

（2）专业处理原则

突发事件的各种演化、衍生规律错综复杂，在应急物资救援和调度问题上需要专家的建议和意见，以科学的知识作为决策依据。比如，矿山瓦斯事故要有矿山安全专家参与，救火要有消防员参与，应急物资调度当然也要有应急管理专家和物流专家参与。

（3）全民动员原则

突发事件发生后急需应急物资调度，但是应急物资往往不足，应急物资运载车辆也不充足，因此，动员全社会的力量来进行应急物资调度和管理是非常必要的，也是影响应急物资救援成败的重要因素。

2.2.3.2　应急物资调度的特点及关键因素

突发事件情况下的应急物资调度有以下特点：

（1）受害区域大，应急物资需求点多。"5·12"汶川大地震中，受灾区面积超10万平方千米，重灾区有绵阳、德阳、成都等6个大型地级市，有44个受灾严重的县级市、1000余个受灾乡镇，直接受灾人数超过1000万人，临时设置的民政救助站点近3000个，每个都为需求点。

（2）所需应急物资的种类繁多，需求数量巨大。在"5·12"汶川大地震中，仅帐篷一项就需要300多万顶，事先储备的10万床棉被也只是杯水车薪。另外，因为涉及生命保障、卫生防疫、救灾工作等多项工程，所需物资的种类更是繁多，包括运载工具、通信工具、交通设施、救援工具、燃油燃料、临时救助工具、保暖器材、照明设施等。

（3）超常规的应急物资筹集方式。如果是小规模的灾害，应急物资需求量不大，采用事先储备的物资或直接从市场上购买即可满足需求，但是当突发事件发生后，仅靠上述筹措方法根本不能满足灾民的全部需求，需要国际援助、全民捐献、突击生产、有偿和无偿征用等更多、更广泛的物资筹集方式。据统计，"5·12"汶川大地震后需要300多万顶帐篷，但是当时全国性物资集散地和附近的生产厂商一共有不到40万顶，其余的260多万顶则由政府组织制造厂家突击生产。

（4）应急物资调度的多目标性。突发事件持续时间长，往往具有多个重要的应急物资调度目标，如地震发生后的黄金72小时，是指必须在72小时之内把受灾人员救出，予以充分的应急物资，否则72小时之后生存概率将大大降低。突发事件发生一段时间后，应急抢险工作基本完成，这时的应急物资调度就不需要以时间最短为目标，而是要把对应急物资进行持续性的调度以满足日常需求作为目标，应急物资调度往往要考虑如何进行路径选择和分配以使调度费用最少。另外，在整个的物资调度中，灾民的心理、行为情况也是需要予以重点关注的，在国家自然科学基金委员会的重大项目中就着重提到"研究紧急情况下的灾民作为个体在此种环境下的认知、态度和需求等心理状态，对更好地应对突发事件决策有重要的意义"，可见，对于灾民心理和行为的研究是决策者比较重视的热点，而目前对这方面的研究尚不深入，有待进一步完善。

（5）应急物资调度的实时性、动态性。应急物资调度的实时性和动态性主要表现在两个方面：第一，应急物资调度要进行实时决策，快速响应，在突发事件发生后，应急物资调度决策就要立即实施，以赶在黄金 72 小时之内进行物资调运，为更好地完成救援工作做准备；第二，突发事件发生后，一般不是稳定不变的，事态有可能进一步演化、衍生，每个灾区的具体情况不同，有可能进一步恶化，也可能得到改善。在应急物资调度过程中，有可能碰到路段损毁、次生灾害发生等情况，而导致先前的调度方案无法执行，这时就需要根据目前的灾害情况对应急物资调度方案进行调整。

应急物资调度的关键因素：从突发事件应急物资调度的 5 个特点可以看出，前两个特点都是其固有属性，不受外力的影响，第三个特点主要涉及物资的供应问题，也就是说，我们要使应急物资调度的效果更为明显就必须针对其第四个和第五个特点进行快速决策。针对应急物资调度的多目标性，现有学者对响应时间最短、完成时间最短、费用最少等相关目标都做过了较为深入的研究，但是对灾民心理感知的研究相对较少，部分学者采用问卷调查等方式进行访问，基本都属于定性分析，没有从运筹学角度进行定量研究，因此，本书第 3 章拟对灾民的心理风险感知进行定量研究，使其融入应急物资优化配送模型，以期达到更好的调度效果；针对应急物资调度的实时性和动态性特点，本书第 4 章对其进行更具体的分析，把时间段的概念融入调度模型，使其达到动态调度的效果，为决策者进行决策提供定量的理论依据。

2.3　突发事件应急物资调度运作流程分析

在应急物资调度体系中，物资调度中心是关键组成部分。该中心负责协调、监控和管理各类应急物资，确保其得到合理配置和及时调度。物资调度中心通常包括物资信息管理系统、通信指挥系统和决策支持系统等子系统。为了应对突发事件，需要建立预置物资库存，包括食品、饮水、药品、医疗器械、床具等生活必需品。这些物资库存要根据历史灾害数据、地理信息和人口密度等因素进行科学合理的规划，以满足不同灾情的需求。物资的及时运输是应急物资调度的关键环节。需要建立健全的物资运输体系，包括公路、铁路、航空和水路等多种运输方式。此外，还需要规划运输通道，确保物资能够快速、安全地到达受灾地区。信息系统是应急物资调度的核心，通过先进的信息技术手段，实现对物资库存、调度计划、运输路线等信息的实时监控和管理。这有助于提高调度效率，减少人为错误，确保物资准确及时到达灾区。

在突发事件发生时，保障受灾群众的基本生活和安全需求是应急管理的首要任务。应急物资调度作为应对灾害的重要环节，其运作流程包括前期准备、物资储备管理、调度指挥中心运作、物资运输和配送等关键环节，直接关系到救援效果和人民生命安全。应急物资调度的主要目的是保障突发事件发生后应急救援物资及时供应，减少灾民损失，满足应急救援对物资的需求。为了有效完成应急物资的调度任务，应急管理部门必须确保其内部的关键部门和功能模块之间实现紧密的协作与协调。这些关键要素包括但不限于指挥决策、信息管理、资源配置、后勤支持、通信联络、技术支持、法规遵循及社会动员等。应急物资调度需要"软硬结合"才能发挥作用，"硬件"方面包括各类应急救援物资和信息沟通、通信平台，平台主要用于保障调度过程中信息的传播、交流和反馈；"软件"方面包括各类调度、救援人员的培训及救援决策的快速制定等，如运用现有科技手段，结合当前灾害信息，对应急物资调度进行决策，确定救援路径和物资分配数量等。

2.3.1　前期准备

（1）制定应急物资调度预案

应急管理部门制定应急物资调度预案，明确各级责任、调度流程、物资储备标准和调度人员的职责。预案应考虑不同灾害类型和地区特点，确保灵活性和实用性。

（2）确定物资储备库位置和容量

根据地区受灾和人口分布情况，确定物资储备库的位置，并合理规划储备库容量。储备库应远离潜在灾害源，且便于物资调度和运输。

（3）培训调度人员和应急队伍

定期组织培训，确保调度人员熟悉应急物资调度预案，了解物资种类和储备库的管理操作。培训应急队伍，提高其灾害救援能力，保障物资调度的顺利进行。

2.3.2　物资储备管理

（1）定期检查和维护物资库存

储备库管理人员应定期检查物资库存，确保物资品质和数量符合要求。对于易腐烂、易过期的物资，要及时更换和更新，确保调度时的有效性。

（2）制定物资调度优先级

根据不同灾害类型和受灾程度，制定物资调度优先级。例如，在地震发生后，医疗物资和食品可能是首要需求，而在洪水灾害中，救生船只和救生衣物需求可能更为紧急。

（3）确保物资储备的多样性

储备库应涵盖各类急需物资，包括食品、饮用水、医疗器械、毛毯、衣物等。确保储备物资种类多样，满足不同灾害场景下的需求。

2.3.3　调度指挥中心运作

（1）灾情监测与通报

调度指挥中心应密切关注灾情发展，及时获取灾情通报，与地方政府、应急救援机构保持紧密联系，了解实时灾情信息。

（2）制定物资调度方案

根据灾情信息和物资需求，调度指挥中心制定物资调度方案。方案应包括调度的时间节点、物资调度的数量和种类、调度路线等详细内容。

（3）协调各方资源

调度指挥中心协调相关资源，包括运输工具、人员、通信设备等，确保在紧急情况下能够迅速启动物资调度工作。

（4）实施调度与监控

启动物资调度后，调度指挥中心实时监控物资运输情况，通过信息化技术追踪物资流向，掌握调度进度，以便及时调整方案和协调应对突发情况。

2.3.4　物资运输和配送

（1）安全运输物资

调度后的物资应由专业的运输队伍负责，确保运输工具的安全性和可靠性。在灾害发生的情景下，可能面临交通堵塞、道路损毁等问题，需要谨慎制订运输计划。

（2）运输路线规划

调度指挥中心负责规划最优运输路线，考虑灾情影响、道路状况、通行能力等因素，确保物资能够快速、安全地抵达目的地。

（3）配送物资到达受灾地区

运输队伍一旦抵达受灾地区，调度指挥中心负责与受灾地区政府和救援

第 2 章 突发事件应急物资调度优化的理论分析 ◀

机构协调，确保物资能够及时、有序地配送到目标地点。配送时需要灵活应对灾情的变化，保障物资能够最大限度地满足受灾群众的需求。

重大突发事件往往带来巨大影响，应急物资调度是确保受灾群众基本生活和安全需求的关键环节。通过对前期准备、物资储备管理、调度指挥中心运作、物资运输和配送等环节的详细分析，我们可以更好地了解应急物资调度的具体运作流程，并为实际应对重大突发事件提供参考。

应急物资调度的运作流程广义上主要分为两个阶段，分别是突发事件发生前的应急物资配置和发生后的应急物资运输与配送。突发事件发生前的应急物资配置是为第二阶段的应急物资运输与配送做准备，主要的工作是分析和评估区域可能发生的突发事件的概率、规模等，并事先确定好应急预案，确定所需物资的种类、数量，确定在何地设置存储仓库等。突发事件发生后的应急物资运输与配送是狭义上的应急物资调度，需要根据突发事件的机制与当前突发事件造成的灾害情况进行决策，确定应急物资调度所需车辆和各类物资的数量，构建配送网络，制定车辆调度方案，对每辆救援车辆的行驶路径和物资分配数量进行决策，执行物资的搜集、流通加工、卸载转运等职能，最终把应急物资运送到灾民手中，减少灾害损失。以"5·12"汶川大地震为例，狭义上应急物资调度的一般流程是首先将国家级中央储备库和全国各地的物资运往灾区的一个大型枢纽站（如成都双流机场），再从大型枢纽站运送到各物资集散地（如绵阳市、德阳市等地级市），最后由物资集散地往救援点运送，进而分发到救援点所负责灾区的灾民手中，如图 2-3 所示。

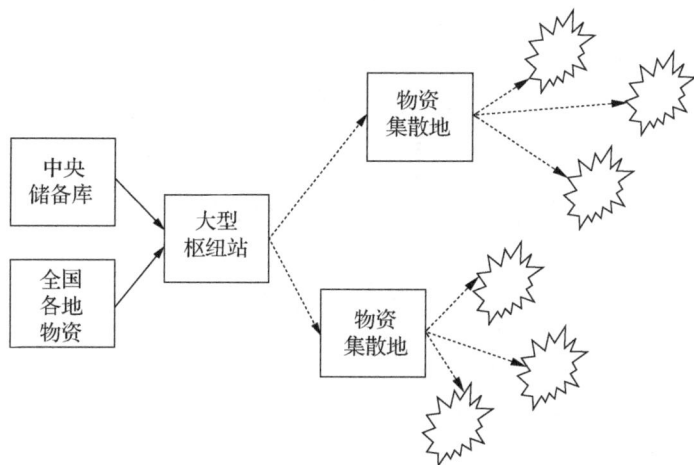

图 2-3 应急物资调度运作流程

41

2.4　本章小结

　　本章主要对应急物资调度优化决策的相关概念和理论进行了梳理、分析、研究和总结，旨在为后续内容提供理论基础和模型构建的条件。首先，就应急物资调度的相关概念进行了界定，明确重大突发事件概念及分类、人工智能和数据挖掘相关方法、应急物资需求的内容，以及应急物资调度特征结构和决策过程等，并对相关内容进行细致的分类和探讨；其次，分析和梳理与本书相关的基本理论，包括应急物资动员理论、生命周期理论和物资调度优化理论；最后，在以上概念体系和理论分析的基础上给出了应急物资调度运作流程，构建了本书研究的理论分析框架，为第3章到第7章的突发事件分级、应急物资动态需求预测、应急物资调度优化研究等提供决策依据。

第3章 基于云模型的突发事件分级研究

合理划分突发事件的类别和级别是应急管理部门迅速、科学地配备人员、装备和物资的基础依据，是预案编制的首要前提，也是突发事件应急管理的关键技术。因此在应急管理实务中，对于突发事件应急物资需求的识别和决策，要建立在对突发事件分级的基础上。然而，受诸多不确定性因素的影响，突发事件分级是一个综合性的复杂问题。鉴于此，在突发事件分级研究中，本章引入在定性与定量转化方面具有明显优势的云模型，兼顾了突发事件的模糊性和随机性等特点，在突发事件分级的定性概念和定量表示之间架起了一座桥梁，有利于更全面、客观地体现人类惯有的思维特征和习惯，在技术上弥补了以往分级方法不能综合考虑指标随机性和模糊性的缺陷。因此，本章提出的基于云模型的突发事件分级模型，综合考虑了突发事件的各种复杂因素，具有一定的普适性，可以适用于突发事件的前期响应及中后期决策等，为突发事件应急管理中的分级评判提供了理论参考。

3.1 我国突发事件分级规定与分级影响因素分析

我国 2006 年发布的《国家突发公共事件总体应急预案》（简称《应急预案》），将突发事件分为 4 个等级，即 Ⅰ 级（特别重大）、Ⅱ 级（重大）、Ⅲ 级（较大）和 Ⅳ 级（一般），按照突发公共事件的严重性和紧急程度，将预警分为 4 个等级，即 Ⅰ 级（特别严重）、Ⅱ 级（严重）、Ⅲ 级（较重）和 Ⅳ 级（一般），分别用红、橙、黄、蓝 4 种颜色表示相应的等级。从分等级的表述和各等级的划分标准可以看出，定性概念具有模糊性、量化指标缺乏、分级工作操作性不强等特点，比较适合事后评估，追究相关部分责任。影响突发事件分级的因素错综复杂，从图 3-1 可以看出，这 8 个维度建立在各类突发事件总体特征的基础上，而不同类型突发事件的性质、影响范围、社会危害性、产生原因等具有很大的差异，因此，在具体的突发事件分级应用中，应根据具体突发事件的类型，因事制宜地建立合理的分级指标体系。

突发事件种类繁多、规律各异、事态演化迅速，影响面广泛，且各地应急处理能力不同，在对突发事件的应急管理实践中，应针对事故危害程度、影响范围和当地控制事态的能力等因素，将突发事件分为不同的等级，建立具体的分级指标体系，按照分级负责的原则，明确应急响应级别，同时可以为后续应急物资需求预测和调度优化提供决策参考。

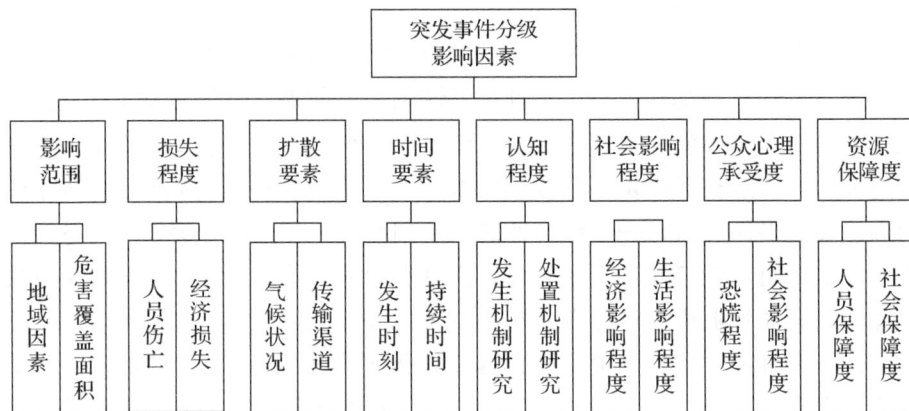

图 3-1　突发事件分级影响因素

3.2　云模型与云发生器

3.2.1　基本概念

（1）隶属云

精确的隶属函数客观上在人们的模糊思维活动中根本不存在；另外，它又容易把人们对模糊现象的处理强行纳入精确数学的理想王国，扼杀了事物的模糊本质[51]。我们之所以称其为隶属云，一是因为形象化，就好像是蓝天中的一朵白云，远看时有明显的形状，近看时又没有一个确定的边沿；二是因为云常常是飘忽不定的，可以整体移动。如果没有隶属云的整体形状和凝聚特性，单独讨论某一点的隶属度是没有意义的。我们不可能孤立地确定一个点的隶属度。

具有普遍适用性的正态隶属云，揭示了自然和社会科学中大量模糊概念的隶属云所遵循的基本规律。众所周知，不确定性有两种：有明确的定义但不一定出现的事件中包含的不确定性称为随机性；已经出现但难以精确定义的事件中包含的不确定性称为模糊性。通过隶属云的定义，我们把模糊性问题的亦此亦彼性和隶属度的随机性进行了统一化。

（2）云和云滴

设 U 是一个用数值表示的定量论域，C 是 U 上的定性概念，若定量值 $x \in U$ 是定性概念 C 的一次随机实现，x 对 C 的确定度 $\mu(x) \in [0,1]$ 是有稳定倾向的随机数，即

$$\mu : U \to [0,1] ,$$
$$\forall x \in U, x \to \mu(x) 。$$

则 x 在论域 U 上的分布称为云，$C(U)$ 表示云的隶属度函数在论域 U 上的分布。每一个 x 为一个云滴，当 $C(X)$ 符合正态分布时，称为正态云，由于正态云具有普适性[52]，本章所有的云模型都采用正态云模型构建。

正态云模型是利用正态分布和正态隶属函数实现的，是一个遵循正态分布规律、具有稳定倾向的随机数集，用期望 Ex、熵 En、超熵 He 3 个数字特征整体表征一个概念。期望 Ex 是云滴在论域空间分布的期望，是最能够代表定性概念的点，或者说是这个概念量化的最典型样本。熵 En 是定性概念不确定性的度量，由概念的随机性和模糊性共同决定。一方面，期望熵 En 是定性概念随机性的度量，反映了能够代表这个定性概念的云滴的离散程度；另一方面，是定性概念亦此亦彼性的度量，反映了在论域空间可被概念接受的云滴的取值范围。超熵 He 是熵的不确定性度量，即熵的熵，由熵的随机性和模糊性共同决定。云分为完整云、左半云和右半云，半云表示单侧特性。

3.2.2　隶属云发生器

生成云滴的算法称为隶属云发生器（Membership Clouds Generator，MCG），包含正向、逆向两种云发生器（图 3-2、图 3-3）。正向云发生器，由云的数字特征 $C(Ex, En, He)$ 产生大量云滴，用 FCG 表示。逆向云发生器，将一定数量的精确数据有效转换为以数字特征 $C(Ex, En, He)$ 表示的定性概念，用 BCG 表示。这两个云发生器是云模型中最重要、最关键的算法，实现了定性语言值与定量数值之间的不确定转换，前者是从定性到定量的映射，后者是从定量到定性的映射。X 条件云发生器，给定云的数字特征 $C(Ex, En, He)$ 和特定值 x_0，产生特定值 x_0 的确定度 μ，用 XCG 表示。Y 条

件云发生器，给定云的数字特征 $C(Ex,En,He)$ 和特定的确定度 μ_0，产生云滴 (x_0,μ_0)，用 YCG 表示。

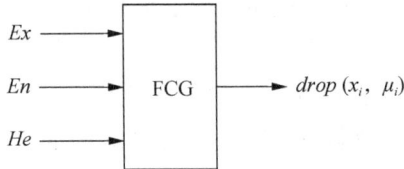

图 3-2　正向云发生器（FCG）

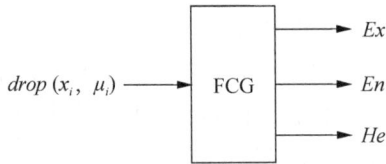

图 3-3　逆向云发生器（BCG）

3.3　基于云模型的突发事件分级模型研究

3.3.1　突发事件分级的研究思路

本章引入云模型理论，通过分析具体突发事件的分级指标属性来评估突发事件的分级确定度，客观地反映突发事件的不可预测性、随机性和模糊性等。基于云模型的突发事件分级模型流程如图 3-4 所示。

①根据某类型突发事件的特征，分析影响突发事件分级的因素，建立合理的指标体系，并将指标分为可观测性指标和不可观测性指标。

②根据领域专家意见，确定突发事件分级等级标准，利用标准指标等级云发生器生成标准指标等级云。

③根据建立的分级指标体系采集相关数据。对于可观测性指标，通过统计获得具体的数值。对于不可观测性指标，因无法直接得到具体的数值，将通过领域专家打分等形式获得。

④计算各可观测性指标属于各等级的确定度。

⑤对于不可观测性指标，将通过多位专家基于具体突发事件发生情况进

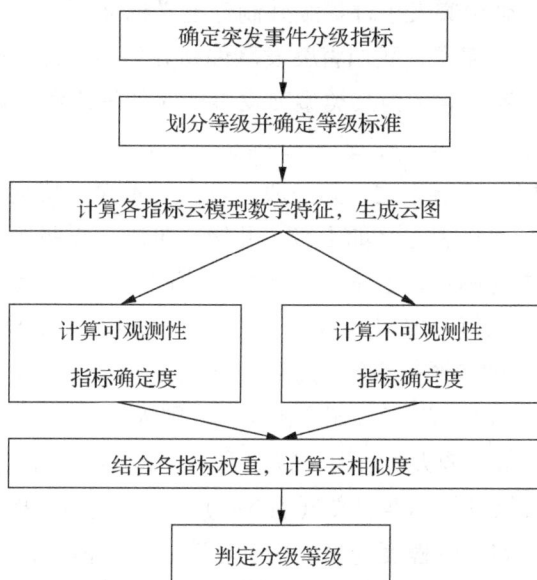

图 3-4　基于云模型的突发事件分级模型流程

行的评估，通过逆向云发生器获得云模型的数字特征，根据相应的算法，计算出不可观测性指标的确定度。

⑥结合各指标权重，计算综合确定度，根据最大确定度原则，判定突发事件等级。

3.3.2　突发事件分级模型具体步骤

（1）步骤 1：确定突发事件分级指标

经过领域专家讨论，确定某类型突发事件的分级指标，如上所述本章将确定好的分级指标分为可观测性指标和不可观测性指标两类。可观测性指标，即只需通过观察、统计就可以得到数值性结果的指标，如死亡人数、受伤人数等；不可观测性指标，即不可直接用传统的统计方法得到数值性结果的指标，如认知程度、恐慌程度等。分级指标表述如下：

针对某类型突发事件 A，经过分析，建立分级指标集 Q，$Q = \{V, D\}$，其中 V 表示可观测性指标，$V = \{v_1, v_2, \cdots, v_n\}$，$n$ 表示可观测性指标的个数，D 表示不可观测性指标，$D = \{d_1, d_2, \cdots, d_m\}$，$m$ 表示不可观测性指标的个数。

（2）步骤2：确定突发事件等级并制定定义标准

根据应急管理的需求，我们将突发事件划分为不同的等级并为每种类型定义相应的等级标准。设 s 为某类型突发事件 A 的等级级别数，某类型突发事件 A 的等级评语集 $G = \{g_1, g_2, \cdots, g_s\}$。

评语集可以用语言值表达，如一般、较大、重大、特别重大等词汇，也可以用数值或希腊字母表达，如 I 级、II 级、III 级、IV 级等。各指标的等级标准应根据具体情况制定，通常结合领域专家的经验和问卷调查来确定。可观测性指标等级的取值一般采用区间来表示，假设某可观测性指标 v_1 的取值范围为 (a, b)，则按照等级级别数 s 将区间 (a, b) 划分为 s 个子区间，其中第 i 个子区间为 $(R_i^{\min}, R_i^{\max})$，$R_i^{\min}$ 和 $R_i^{\max}$ 分别为区间的下限和上限。例如，我国地震等级为一般、较大、重大、特别重大 4 个级别。可观测性指标为死亡人数，按照分级等级进行标准定义（表3-1）。不可观测性指标一般用语言值表达某定性概念，如恐慌程度为低、中、较高、高，需通过赋值的形式转换为定量的数值，再划分为区间（表3-2）。

表3-1　死亡人数按照等级划分

等级	IV级（一般）	III级（较大）	II级（重大）	I级（特别重大）
死亡人数	$(0, 10)$	$[10, 20)$	$[20, 100)$	$[100, +\infty)$

表3-2　恐慌程度按照等级划分

等级	IV级（一般）	III级（较大）	II级（重大）	I级（特别重大）
恐慌程度	低	中	较高	高
分值区间	$(0, 2)$	$[2, 4)$	$[4, 6)$	$[6, 8)$

分级等级划分标准确定后，传统的等级评定一般采用分段函数进行定量评价，在量值与等级之间建立严格的映射关系。显然，这种方法存在缺点，无法体现突发事件本身具有的不确定性、主观性等本质特点，所以在突发事件分级研究中建立一种既能够反映突发事件的模糊性又具有直观、简洁语义的定性描述机制非常重要。而能实现定性概念与其定量表示之间的不确定性转换的云模型能很好地满足上述需求。

（3）步骤3：计算标准指标等级云模型的数字特征，生成云图

指标评价标准云是一种特殊的评价云模型，由多个云构成，每一个云都

有确定的概念，由于指标评价概念的模糊性和随机性，我们需要对这一组概念进行归一化处理，并依据先制定的评价级别进行区间划分。若评价等级为 $s+1$ 个，则可得到落在 $[0,1]$ 区间上的 s 个小区间，每个区间用 $[R_i^{\min}, R_i^{\max}]$ 来表示，其中 $R_i^{\min}$ 和 $R_i^{\max}$ 分别表示该区间的下限、上限，其取值可通过专家评分法或实验法来确定。

某类型突发事件 A 的等级评语集 $G=\{g_1,g_2,\cdots,g_s\}$，每一个评语集元素 g_i 均为一个定性概念，每一个分级指标可划分 s 个等级，每个等级用一个单独的云来表示。

通过步骤 2，每个指标按照等级划分好标准区间后，即可利用标准指标等级云发生器，为每个指标的每个等级生成标准指标等级云。

【算法】标准指标等级云发生

输入：s 个子区间 $(R_i^{\min},R_i^{\max})$，其中 $R_i^{\min}$ 和 $R_i^{\max}$ 分别为区间的下限和上限，对于单边界限的某变量，形如 $(R_i^{\min},+\infty)$ 或 $(-\infty,R_i^{\max})$，可根据数据的上限、下限确定其缺省边界参数。

输出：标准指标等级云 $STC_i(Ex_i,En_i,He_i)$，其中 $i=1,2,\cdots,s$。Ex_i，En_i，He_i 是标准指标等级云 STC 的期望、熵、超熵。

具体步骤如下：

① $Ex_i=\dfrac{R_i^{\min}+R_i^{\max}}{2}$；

②云发生器对定性概念产生的云滴主要落在区间 $[Ex-3En,Ex+3En]$，即云的 $3En$ 规则，满足 $3En$ 规则的云的熵为

$$En_i\begin{cases}\dfrac{Ex_{i+1}-Ex_i}{6},i=1//\text{左半云}\\[2mm]\dfrac{Ex_i-Ex_{i-1}}{3},1<i<s\\[2mm]\dfrac{Ex_i-Ex_{i-1}}{6},i=s//\text{右半云}\end{cases};$$

③ $He_i=\eta$。

η 针对不同的实际问题，反映了评价的随机性，在评价标准云中，结合经验事先确定，取值不宜过大。因为 He 越大，随机性越大，等级越难以确定。多数文献将其确定为 0.01 的常数，既客观地反映了评价的随机性，又简化了评价过程。当 $i=1$ 或 $i=s$，即最左边的子区间或最右边的子区间，

一般生成左半云或右半云。

（4）步骤4：计算可观测性指标确定度

设可观测性指标集 $V = \{v_1, v_2, \cdots, v_n\}$，评语集 $G = (g_1, g_2, \cdots, g_s)$，利用标准指标等级云发生器可产生 $n \times s$ 个标准指标等级云：

$$STCV_{n \times s} = \begin{bmatrix} STCV_{11}(Ex_{11}, En_{11}, He_{11}) & \cdots & STCV_{1s}(Ex_{1s}, En_{1s}, He_{1s}) \\ \vdots & \ddots & \vdots \\ STCV_{n1}(Ex_{n1}, En_{n1}, He_{n1}) & \cdots & STCV_{ns}(Ex_{ns}, En_{ns}, He_{ns}) \end{bmatrix}。$$

通过数据采集，获得可观测性指标集 $V = \{v_1, v_2, \cdots, v_n\}$ 的数据。对于可观测性指标集隶属于第 j 个等级的确定度的计算方法，XCG_{j1}，XCG_{j2}，$\cdots$，XCG_{jn} 表示 n 个 X 条件云发生器，即输入标准指标等级云模型的数字特征 $(Ex_{ji}, En_{ji}, He_{ji})$ 和特定数字 v_i，输出特定数字 v_i 的确定度 μ_{ji}。然后通过公式 $\sum_{i=1}^{n} \mu_{ji} \omega_v$ 得到 μ_j，其中 ω_v 是各可观测性指标的权值，权重一般由领域专家确定。当 $j = 1, 2, \cdots, s$ 时，即可得到可观测性指标集 $V = \{v_1, v_2, \cdots, v_n\}$ 在每个等级的确定度，即 $\mu_v = \{\mu_1, \mu_2, \cdots, \mu_s\}$。

（5）步骤5：逆向评价云生成器

逆向云发生器是将一定数量的精确数值有效转换为恰当的定性语言值 $\{Ex, En, He\}$，它是从定量到定性的映射，是一个逆向的、间接的过程。其作用是从给定数量的云滴中还原出一维云的3个数字特征 Ex、En、He，以实现从定量的数值向定性语言值的转换。若针对目标节点的分属性评价集合有 m 个，共有 n 个节点参与评价。把每一次评价作为一个云滴，根据逆向云生成算法，生成 m 个分属性的信任云，称为逆向评价云生成器。

【算法】逆向评价云生成器

输入：各源节点对目标节点的评价集合 $\{S_1, S_2, \cdots, S_m\}$，其中，$S_k = \{P_k^1, P_k^2, \cdots, P_k^n\}, k \in [1, m]$，$P_k^j(j \in [1, n])$ 表示第 j 个节点对第 k 个属性的评价值。

输出：$TC_i(Ex_i, En_i, He_i), i \in [1, m]$。将 S_k 中的各个评价值作为一个个云滴，分别代入逆向云发生器，获得评价云的3个表征参数。

（6）步骤6：标准云合并，相似云判定分级等级

将分指标评价云按其权重值合并为一个综合评价云，根据最大-最小贴近度及相似云算法判定突发事件分级等级。

同类概念、不同形态的云的关系常涉及计算云相似度的问题。由于云是

由 3 个数字特征来表征决定其整体形态，可以利用云的 3 个数字特征来研究云之间的相似性问题。若描述同一个定性概念的两个云或多个云之间有一定的相似性，就称这些云互为相似云或等价云。这里"一定的相似性"是指云之间的相似度小于给定的相似度阈值[53]。理论上，表征某个定性概念的云是由无限多个云滴组合而成的，而实际上，只能用有限个云滴的组合来表征其整体形状。因而，即使是同参数的云，由于云滴有限，也只能认为其是极其相似而不会是相同的。如前文所述，相似性度量分析方法有很多种。模糊数学的聚类分析中，常需要建立基于各种相似度的模糊相似矩阵。由于云本身是将模糊数学中的隶属度随机化，它们之间也具有某些相同的特性，因此在考虑同类概念不同云模型之间的相似度问题时，可以借鉴一些模糊理论中经典有效的方法。本书在综合考虑云本身的特殊性、云之间的相似性和模糊数学相关理论的基础上，提出两种基于贴近度的云模型相似性度量算法。无数的云滴构成云模型，容易想到云模型间相似度越大，其云图中重合的云滴数也越多。贴近度正是刻画云模型间云图中云滴重合部分的范围大小。

【算法】云模型相似度算法

输入：两个云模型 $C_1(Ex_1, En_1, He_1)$、$C_2(Ex_2, En_2, He_2)$ 和相似度阈值 δ。

输出：云模型相似度 $MMCM(C_1, C_2)$。

①两个云 $C_1(Ex_1, En_1, He_1)$、$C_2(Ex_2, En_2, He_2)$ 通过云发生器各产生 n 个云滴；

②将各自的云滴按横坐标从小到大进行排序；

③对云滴进行筛选，保留落在区间 $[Ex - 3En, Ex + 3En]$ 的云滴；

④设筛选后的两个云的云滴数为 n_1 和 n_2，对云滴按横坐标从小到大进行排序，并分别保存在集合 $drop1$ 和 $drop2$ 中；

⑤若 $n_1 \geqslant n_2$，则在 $drop1$ 中随机选取 n_2 个云滴，舍弃多余云滴，更新集合 $drop1$（将 $drop1$ 中的云滴重新按横坐标从小到大进行排序），若 $n_1 < n_2$，则同上；

⑥将集合 $drop1$、$drop2$ 按对应的次序计算：

$$MMCM(C_1, C_2) = \frac{\sum_{k=2}^{n_2} (drop_k^1 \wedge drop_k^2)}{\sum_{k=1}^{n_2} (drop_k^1 \vee drop_k^2)} \quad (当 n_1 \geqslant n_2 时),$$

若 $MMCM(C_1, C_2) \geqslant \delta$，则两个云相似，否则不相似。

3.3.3 算例分析

装有 4.8 万吨燃料油、船长 240 米的某老龄单壳油轮"航海号"在从拉脱维亚驶往直布罗陀的途中遭遇强风暴失控，造成 8 死 30 伤，向加利西亚海岸方向漂移并在距海岸 8.5 千米处搁浅导致船体破裂。近 4000 吨燃油从舱底流出，形成一条宽 5 千米、长 37 千米的油带。对船上人员进行紧急疏散，引起公众恐慌，扩散区域内泄漏物质危害健康。采用本书提出的突发事件分级模型，确定该事故的等级。根据事故的发生、发展及影响，建立分级指标体系。可观测性指标 $V = \{$死亡人数，受伤人数$\}$，不可观测性指标 $V' = \{$公众恐慌程度，泄漏物质健康危害性$\}$。根据应急需要，此类突发事件一般划分为 4 级：Ⅰ级（特别重大）、Ⅱ级（重大）、Ⅲ级（较大）和Ⅳ级（一般）（表 3-3）。

表 3-3 指标分级等级划分及对应评语集

类别	Ⅰ级	Ⅱ级	Ⅲ级	Ⅳ级
死亡人数	特别重大	重大	较大	一般
受伤人数	特别重大	重大	较大	一般
公众恐慌程度	特别重大	重大	较大	一般
泄漏物质健康危害性	高	较高	中	低

通过专家投票法形成 $[0, 0.2]$、$[0.2, 0.5]$、$[0.5, 0.8]$、$[0.8, 1]$ 的突发事件等级评价区间，然后采用步骤 3 及其算法得出一组评价标准云，再采用标准指标等级云发生器计算出各指标云模型的数字特征（表 3-4）。

表 3-4 等级评价标准云模型的数字特征

等级	Ex	En	He
Ⅰ级	0.1	0.042	0.01
Ⅱ级	0.35	0.083	0.01
Ⅲ级	0.65	0.1	0.01
Ⅳ级	0.9	0.042	0.01

让 1000 个模拟观测数值分别从人员死亡、人员受伤、公众恐慌程度及泄漏物质健康危害性属性，对算例中的海上突发事件进行等级评价，分属性评价统计结果如表 3-5 所示。

表 3-5　分属性评价统计结果

类别	I 级	II 级	III 级	IV 级
人员死亡	50	100	750	100
人员受伤	200	500	150	150
公众恐慌程度	500	200	50	250
泄露物质健康危害性	300	350	200	150

各个属性云的数字特征如表 3-6 所示。

表 3-6　各个属性云的数字特征

类别	Ex	En	He
人员死亡	0.4	0.034	0.01
人员受伤	0.53	0.1	0.01
公众恐慌程度	0.25	0.074	0.01
泄漏物质健康危害性	0.46	0.034	0.01

进行多属性云的合并，合并权值依次取为（0.3，0.3，0.2，0.2），得到（0.421，0.1168，0.01），并生成综合评价等级云（图3-5）。根据步骤6及其算法计算 TC_x 与标准云的相似度，如表3-7所示。

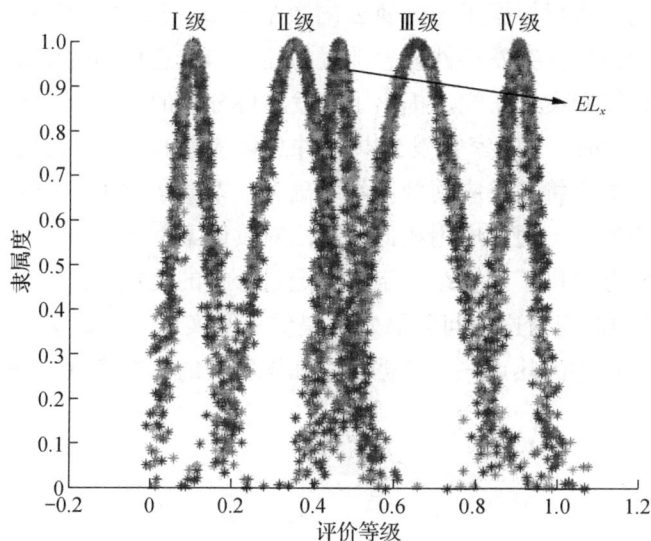

图 3-5　综合评价等级云

表3-7　评价等级云相似度计算结果

标准云	云相似度
Ⅰ	0.242
Ⅱ （0.35，0.083，0.01）	0.835
Ⅲ （0.65，0.1，0.01）	0.648
Ⅳ	0.468

分别利用本书与其他文献所提的所有算法（为保证所有算法结果的准确性，统一云滴数 $n = 1000$）；按照相似度计算结果，可以得到对目标节点的等级评价结果为"二级"。

3.4　本章小结

重大突发事件的分级是建立国家应急部门有效管理指挥调度系统的关键，有助于进一步明确各地区所需的各类应急物资的结构、数量和状态。对突发事件进行科学分级，能够更清晰地了解政府和相关机构优化资源配置，迅速调动和分配适当的救援、医疗、生活物资等资源的情况，有助于及时启动应急响应机制，提高应对突发事件的效率和能力，最大限度地减少人员伤亡和财产损失。本章根据正态隶属云的数学模型，探讨了 MCG 的实现技术及应用情境，并依据突发事件应急救援的任务和应急目标的变化，通过模型构建、算法计算和案例研究，提出了突发事件分级的决策方法与模型。根据我国 2006 年发布的《国家突发公共事件总体应急预案》，在梳理云发生器的基本概念、数字特征及应用领域的基础上，本章构建了一个基于云模型的突发事件分级框架，通过应用相似云算法对具体案例进行分级分析，为突发事件的分级问题提供了一种结合定性与定量分析的处理方法。此外，正态隶属云和 MCG 的应用为这一问题的处理提供了坚实的基础，为解决人工智能在应急管理领域中的热点——数据库中知识发现的有效实现，提供了一条新途径。

第4章 人工智能视域下应急物资需求预测模型

纵观目前研究，学者多聚焦于物资运输和调度领域，然而，在应急管理操作实务中，由于应急物流弱经济性和突发性的特点，因此一般按照物资调配的就近调配、快速行动、有序救援的原则建设区域应急救援中心，科学、合理的应急物资需求预测成为普遍存在的短板问题。另外，习近平总书记指出，要强化应急管理装备技术支撑，要加大先进适用装备的配备力度，加强关键技术研发，提高突发事件响应和处置能力。根据数据实际特征进行波动周期选择等深入挖掘，可以精准化应急物资需求预测，同时，对提前谋划紧急生产和社会物资筹集具有现实指导意义。

突发事件的应急物资需求预测能保证物流服务的供给与需求之间的相对平衡，保证突发事件所在地的情况基本稳定。在一定时期内，当物流供给不能满足这种需求时，将对需求产生抑制作用，当物流供给超过这种需求时，将不可避免地造成供给的浪费。目前，在实际的突发事件物资调度运作中，大多数的应急物资需求预测还是基于专家和学者的主观经验判断，这种预测方法虽然具有一定的合理性，但是十分容易发生应急物资供应不足、滞留和浪费的现象，甚至还会导致进一步的生命财产损失。如今，基于现代科学技术预测方法的研究和应用是大势所趋，是未来应急物资管理领域不可或缺的一部分。基于第2章的应急物资动员理论、生命周期理论和物资调度优化理论，本章基于人工智能的"模拟人类大脑"的传统路径和"大数据深度学习"的技术路径，通过应用案例推理分析、BP神经网络和遗传算法，构建应急响应初期和中后期物资需求预测模型，为后续调度优化决策相关内容奠定基础。

4.1 基于"模拟人类大脑"路径的应急响应初期需求快速预测

4.1.1 案例推理技术与时间序列分析

案例推理（Case-based Reasoning）是一种基于以往经验的问题求解和学习方法，它的起源可以追溯到 20 世纪 80 年代初期，最早由美国耶鲁大学的 Roger Schank 在他的研究中提出。Roger Schank 是认知心理学和人工智能领域的知名学者，他的研究聚焦于人类学习和记忆机制。*Dynamic Memory* 是他于 1982 年出版的一本书[54]，其中描述了案例推理技术的早期概念。它的核心思想是在解决问题时利用先前的类似问题和解决方案来指导决策过程。在应急管理领域，案例推理方法被广泛应用于灾害响应、危机管理和决策支持等方面。

（1）起源与基本概念

案例推理技术的核心思想是通过比较和利用以往的经验案例来解决新问题。它包括以下基本概念：

案例库（Case Base）：存储了一系列已解决问题的案例集合，每个案例包含问题描述及相应的解决方法或结果。

相似性度量（Similarity Measurement）：用于评估当前问题与案例库中各个案例之间的相似程度，通常基于案例的特征和属性进行计算。

案例检索（Case Retrieval）：根据当前问题的特征，从案例库中检索出与之相似的案例。

适应性调整（Adaptation）：对检索到的案例进行调整，使其适应当前问题的情境和需求。

解决方案应用（Solution Application）：将调整后的案例应用到当前问题中，生成解决方案。

（2）发展历程与应用领域

自 Roger Schank 首次提出案例推理技术以来，它在人工智能领域得到了广泛的关注和应用，并在各个领域取得了丰硕的成果。

①专家系统与智能代理：案例推理技术被应用于专家系统的开发中，用于模拟专家的推理过程。智能代理系统也利用案例推理技术来实现对环境的学习和适应。

②医疗诊断与治疗：在医疗领域中，案例推理技术帮助医生进行疾病诊断和治疗方案推荐，尤其在罕见病或复杂疾病的诊断中具有重要作用。

③工程设计与故障诊断：工程领域利用案例推理技术进行产品设计、故障诊断等，通过案例经验提高设计和维护效率。

④金融风险评估：金融领域利用案例推理技术进行风险评估和投资决策，通过比较历史案例来预测和管理风险。

（3）案例推理技术的优势和挑战

案例推理技术具有以下优势。

①基于实践经验：利用实际案例经验进行问题求解，更贴近实际应用场景。

②适应性强：能够根据不同问题的特点灵活调整和适应，具有一定的泛化能力。

③易于理解和解释：案例推理的过程和结果通常比较直观，易于被人理解和解释。

然而，案例推理技术也面临一些挑战。

①依赖案例库：案例推理技术的有效性和准确性受制于案例库的质量和覆盖范围。

②相似性度量难度：如何准确地评估问题与案例之间的相似性是一个挑战性问题，需要综合考虑多种因素。

③知识表示和提取：如何有效地表示和提取案例中的知识信息也是一个需要解决的关键问题。

案例推理技术作为一种基于以往经验的问题求解和学习方法，已经在人工智能领域取得了广泛的应用和发展。从其起源于 Roger Schank 的早期研究，到如今在专家系统与智能代理、医疗诊断与治疗、工程设计与故障诊断等领域的应用，案例推理技术在不断演化和完善，为解决实际问题提供了重要的思路和方法。随着人工智能技术的不断进步和发展，案例推理技术将会在更多领域展现出其独特的价值和应用前景。

案例推理的工作流程如图 4-1 所示。

从思维科学的角度看，人的思维主要有 3 种形式——形象思维、逻辑思维和创造思维。其中，人们使用最多的直觉、顿悟和灵感属于形象思维，它是研究人类思维的突破口。案例推理是人类 3 种思维的一种综合表现形式，所以研究案例推理有助于对人类思维机制的认识。案例推理也符合人的认知

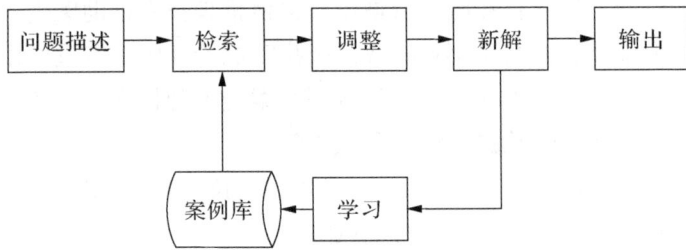

图 4-1　案例推理的工作流程

心理：当遇到一个新事物时，专家看到的并不是一个具体问题，而是会产生联想，然后把事物归类，找出以往处理过类似问题的经验和相关知识，经过一定的修正去处理新事物。通常不用繁杂的规则推理，这也是专家解决问题速度快的一个原因。对于比较简单的问题，案例的匹配和检索主要是形象思维的过程；而对于复杂的问题，往往难以通过简单的匹配检索到一个相似的实例供参考。这时人们会潜在地将问题分解，使每一个子问题能映射到一个相似案例，或者从不同角度出发，抽取不同角度的类似案例，最后运用逻辑思维和创造思维把匹配的子案例集成起来，形成解决当前问题的新方法。在案例推理中，案例是知识的单元，这为充分利用经验来建造智能系统提供了一条有效的途径，同时避免了规则的获取困难和不一致问题，也避免了规则提取引起的歧义和信息丢失。目前案例推理技术仅适用于比较简单的场合，对于信息不完全的复杂场合，明显存在不足。本书在分析这些不足的前提下，用新的观点审视了案例推理过程的一些问题；此外，基于决策问题求解模型，讨论了在复杂决策背景下基于案例的决策问题求解策略，给出了系统的框架，并以复杂的医疗诊断为研究对象研究上述思想的应用。

　　突发事件具有突发性，也就是往往没有征兆而突然发生，导致管理者在应对时准备不充分。从事件发生之后，用来搜集相关信息以做出决策的时间非常短，同时所需获取的信息往往难以取得，导致管理者难以有效地获取信息并加以利用。通过 CBR 系统中结构化存储的以往案例，可以使管理者在紧急情况下决策时有更好的参考：第一，可以增加决策时所需的知识；第二，可以使决策者有更好的心理暗示，减少管理者由于缺乏应对的具体方案而很可能造成的心理上和决策上的压力，从而使其做出更高质量的决策。

　　时间序列是指有时间顺序的数值序列，基本原理是：承认事物发展的延续性，用事物的历史现象预测未来现象，即将系统中具有代表性的指标写成时间序列的形式，通过统计分析揭示指标随时间变化的规律，预测指标的未来走向，并在出现特殊情况时解释原因。时间序列预测是一种定量分析的方法，变量的取值有两种方式：一种是取观测时间点处的瞬时值；另一种是取相邻时间点期间的累加值。假设历史观察值为 $x_t, x_{t-1}, \cdots$，通过对规律的把握，对变量 $t+i$ 时刻的值 $x_{t+i} (i \geq 1)$ 进行预测。时间序列的特点包括：首先，时间是唯一决定数据位置的变量，将所有的外界影响因素归结到时间这一因素上，表现为序列数据随时间变化；其次，任何事物的发展都可能受偶然因素影响，每一个时刻的取值都具有一定的随机性，为此要利用统计分析中的加权平均法对历史数据进行处理，但是仍然不可能实现完全准确的预测；最后，按时间先后顺序数据有位置上的相关性，系统的规律就隐藏在这种相关性中，如果毫不相关，则无法进行预测。

Box 和 Jenkins 提出的 ARIMA 模型法（B-J 法）与传统方法相比，具有独特的优点。传统方法只适用于具有某种典型趋势特征的社会经济现象的预测。而现实中，许多社会经济现象的时间序列数据并不总是具有这种典型趋势特征，这使得用传统方法所建模型产生的误差项不一定完全具有随机性质，从而影响了预测效果。特别是当时间序列数据存在序列相关和周期波动时，其趋势模型的预测能力将大大减弱。B-J 法则特别适合在辨别时间序列数据的典型特征十分困难和复杂情况下的预测，它往往能提供比传统方法更多的信息。这种方法在选择模型时，不必事先确定时间序列数据的典型特征，只需事先假设一个可能适用的模式，然后可以按一定程度反复识别改进，以求得一个较满意的模型。而且 B-J 法可以对误差项不断分解，充分利用有关信息，直至误差项只剩下随机因素的影响，从而提高预测效果。

若 $\{x, t \in T\}$ 在 d 阶差分后平稳，则称为自回归求和移动平均模型，简记为 ARIMA (p, d, q) 模型，任何非平稳的时间序列若经过适当阶数的差分后平稳，就可以对差分后的序列进行 ARIMA 模型拟合。目前 ARIMA 模型的分析方法非常成熟，因此对差分后的平稳序列的分析非常简单可靠。

4.1.2　应急响应初期物资紧急需求预测的影响因素

应急物资需求是指基于减轻灾害对人类社会经济环境、生命安全和财产安全所造成破坏的程度或灾害紧急救援等所带来的对各类紧缺物资的需要。为科学提取应急物资需求指标，先从成灾机制上探析应急物资需求影响因素的依据。区域灾害系统论的观点认为，灾害是致灾因子、孕灾环境和承灾体综合作用的结果。其中，致灾因子是灾害形成的充分条件，承灾体是灾害形成的必要条件，孕灾环境的敏感度为致灾因子和承灾体的相互作用提供了背景条件，承灾体的易损性是决定应急物资需求水平的关键因素，易损性越强，受灾程度往往越重，其应急物资需求水平一般较高。易损性的强弱除了受自然因素制约外，更受人类经济水平、承灾能力、应急管理水平等多种因素的影响。因此，致灾因子、孕灾环境、承灾体和承灾能力应为应急物资需求的主要决定性因素。根据成灾机制分析，可提出如图 4-2 所示的人员伤亡预测指标体系。

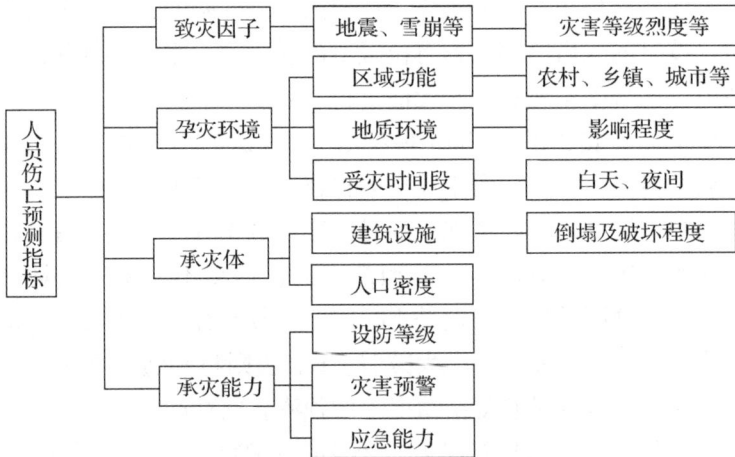

图 4-2　人员伤亡预测指标体系

　　本节所研究的应急物资需求预测是基于数据或信息的及时更新的预测过程，其预测信息或数据的获取主要采取灾区外围数据和即时数据相结合的方法对某阶段应急物资需求进行预测。

　　灾害发生初期，往往造成灾区与外界暂时信息中断，外界很难立即获取灾区的应急物资需求信息，为了保障灾区应急物资的最低需求，必须迅速展开应急物资的筹集和响应工作，决策人员只能通过类似灾害的历史数据、现有记录数据、经验估计、专家决策和现代技术手段等获取信息，这时数据信息主要是外围数据，数据的可靠性较低，适宜于灾害初期阶段的紧急需求预测。随着灾害救援的快速展开，为提高下一阶段预测的准确度，决策人员必须收集灾区即时需求信息，并对现有数据进行更新。比如，表 4-1 中的建筑倒塌率、人员死亡率、人员受伤率和应急物资保障等指标属于即时需求信息指标，需要通过灾害现场获取。

表4-1 人员伤亡预测指标体系

序号	指标	指标量化及赋值
1	震级	根据国际通用地震里氏分级标准，将地震分为9级，并赋予相应级别的分值
2	震中强度	依据《中国地震烈度表》（GB/T 17742—2020）按对应烈度赋予相同分值
3	设防烈度	通过查阅不同年代颁发的建筑抗震设计规范赋予相应分值
4	单位人口密度	通过查阅地理数据信息库和地方人口数据库获取，计算公式：每平方千米人口密度＝灾区总人口数/灾区总国土面积（km^2）
5	预警水平	将灾害预警水平划分为3级：0表示没有预警；2表示预警迟缓；3表示预警及时
6	人员在室概率	表示灾害突然发生的不同时间段，灾区人员在室内的概率，需根据不同时间段赋予相应概率值
7	发生地点	灾害发生地点不同，人员伤亡数量差别较大，农村赋值1、乡镇赋值2、功能型城市赋值4、中心城市赋值6
8	应急物资保障	应急物资筹集满足能力高赋值1、一般赋值3、差赋值7
9	建筑倒塌率	根据房屋建筑倒塌率赋予相应分值
10	人员死亡率	为预测输出值，样本数据来源于历史灾害统计和即时死亡信息，计算公式：死亡率＝死亡人数/灾区总人数
11	人员受伤率	为预测输出值，样本数据来源于历史灾害统计和即时死亡信息，计算公式：受伤率＝受伤人数/灾区总人数

本书结合案例推理技术和时间序列分析构建需求预测模型，具体的突发事件属性指标符号设置如表4-2所示。

表 4-2　突发事件属性指标符号设置

指标符号	含义
X_{ij}	第 i 个案例的第 j 个属性值
T	距离突发事件发生的天数
t_{ij}	待预测案例的第 j 个属性值
j	案例集中的某个属性值
i	案例集中的某个案例
m	突发事件属性数量
n	已选案例数量
$N(T)$	T 时刻受灾区域的死亡人数
$\overline{p_i}$	案例 i 平均人口密度
$\overline{p_T}$	目标案例的平均人口密度
q	某次事件的受灾区域数量
d_i	案例 i 的总死亡人数
d_T	目标案例 T 的总死亡人数

4.1.3　CBR-ARIMA 预测模型构建

4.1.3.1　模型构建思想

中国人口基数大，幅员辽阔，不同区域人口密度差异显著，因此本书针对中国特殊的地理和人口特征提出"平均人口密度"概念，并且通过案例推理关键因素模型与时间序列模型相结合，对地震灾害死亡人口总数进行预测，根据总死亡人数预测数量计算出前 7 天的动态死亡人数，通过时间序列分析模型 ARIMA，由前 7 天预测数更加精准地预测出 7 天之后的动态死亡人数，最后通过仓库概念的物资需求公式（应急物资需求与死亡人数的线性关系）进行物资需求量的科学预测。

4.1.3.2　模型构建

（1）"平均人口密度"概念的提出

$$\bar{p} = \frac{p_{AA-1} + p_{AA-2} + \cdots + p_{AA-q}}{q};\qquad(4-1)$$

$$\frac{d_i}{\bar{p_i} \cdot \pi \cdot R_i^2} = \frac{d_T}{\bar{p_T} \cdot \pi \cdot R_T^2} \circ \tag{4-2}$$

式（4-1）中 $\bar{p}$ 为震后受灾区域的平均人口密度，p_{AA-q} 为受损地区 q 的人口密度，基于具有相似属性的地震案例具有相似的死亡率的假设给出式（4-2），其中 d_i 为相似案例总死亡人数，d_T 为待预测案例总死亡人数，R 为受灾区域半径。地震案例受灾区域半径示意如图 4-3 所示。

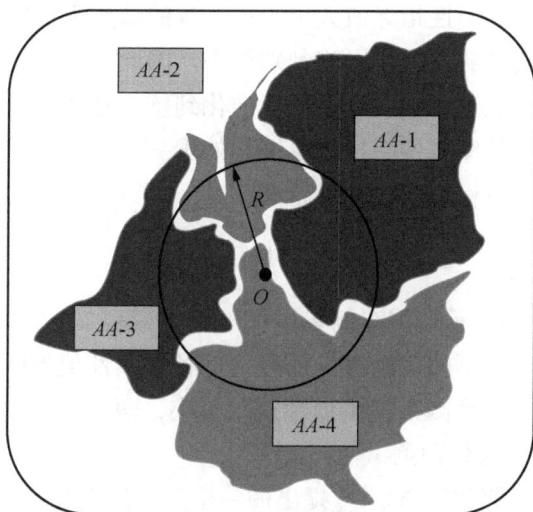

图 4-3　地震案例受灾区域半径示意

（2）总死亡人数预测

首先，基于案例推理技术，根据属性指标（发生时间、地理位置、死亡人数等）对地震案例集进行聚类分析，以对待预测案例的总死亡人数进行预测。具体的步骤如下。

①数据矩阵：

$$X = \begin{vmatrix} X_{11} & X_{12} & \cdots & X_{1m} \\ X_{21} & X_{22} & \cdots & X_{2m} \\ \vdots & \vdots & \vdots & \vdots \\ X_{n1} & X_{n2} & \cdots & X_{nm} \end{vmatrix} \circ$$

②属性指标的标准化：

$$X_i^* = \begin{cases} 0 & X_i \leqslant X_{\text{min}i} \\ \dfrac{X_i - X_{\text{min}i}}{X_{\text{max}i} - X_{\text{min}i}} & X_{\text{min}i} < X_i < X_{\text{max}i}, \\ 1 & X_i \geqslant X_{\text{max}i} \end{cases}$$

$$\left. \begin{matrix} X_{\text{max}i} = \max\{X_1, X_2, \cdots, X_n\} \\ X_{\text{min}i} = \min\{X_1, X_2, \cdots, X_n\} \end{matrix} \right\}_{\circ}$$

地震数据库中的属性指标值大小不一，有的数量级特别大，有的数量级特别小，其权重会被弱化进而影响判别结果。因此，需要对原数据库的数据进行标准化处理，使这些地震属性值标准化到统一范围内。①和②分别为数据矩阵的构建和地震库属性指标的量纲化处理。

计算各案例与目标案例的欧氏距离：

$$d_{ti} = \sum_{j=1}^{n} |X_{ij}^* - X_{tj}^*|_{\circ} \tag{4-3}$$

X_{ij}^* 和 X_{tj}^* 分别表示地震案例集中标准化的某已知案例和待预测案例的某个属性值，d_{ti} 表示不同案例与待预测案例各个属性值的欧氏距离之和，d_{ti} 越小说明该案例与待预测案例 T 属性差距越小，两个案例之间越相似。

（3）动态死亡人数预测

本章引用了刘倬和吴忠良[55]提出的一个关于地震死亡人数的预测模型，该模型较为简单，只包含两个关键参数，如下所示：

$$N(T) = N_0[1 - \exp(-\alpha T)]_{\circ} \tag{4-4}$$

式（4-4）中，N_0 和 α 是两个待定常数。为说明上述模型的意义，可以对式（4-4）两端分别求导，得到

$$\frac{\mathrm{d}N}{\mathrm{d}T} = \alpha(N_0 - N)_{\circ} \tag{4-5}$$

式（4-5）左端是发现死亡者的速率，右端的 $(N_0 - N)$ 是尚未被发现的死亡者的数量。尚未被发现的死亡者的数量越多，就越容易发现死亡者，这一简单关系几乎是救灾中的常识性规律，这也正是式（4-4）所给出的实际内容。

利用上述公式和已知参数，我们可以计算出不同时间点的实时动态死亡人数。进一步地，通过应用时间序列分析中的 ARIMA 模型，我们可以基于过去 7 天的实时动态死亡人数数据来预测未来某一时间点的动态死亡人数。一个中心化后的 ARIMA 模型的一般形式可以写作

$$\left(1 - \sum_{i=1}^{p} \phi_i L^i\right)(1 - L)^d Y_t - \mu = \sum_{j=1}^{q} \theta_j \varepsilon_{t-j}。$$

其中，Y_t 是时间点 t 的观测值；μ 是时间序列的均值，即中心化后序列的中心点；ϕ_i 是自回归系数，i 从 1 到 p；d 是差分阶数，用于使序列平稳；L 是滞后算子，$L^i Y_t$ 表示 Y_t 的 i 阶滞后；θ_j 是移动平均系数，j 从 1 到 q；ε_{t-j} 是零均值白噪声序列的第 $t-j$ 期的值。

在上述公式中，p 和 q 分别表示自回归和移动平均的阶数，且 p 与 q 互质，意味着它们没有共同的因子（除了 1），这有助于避免模型中的多重共线性问题。

（4）应急物资需求公式的引入

通过上述模型的建立，可以较为准确地预测动态死亡人数，该部分引入应急物资需求公式，通过应急物资需求量与动态死亡预测人数的线性关系进而计算出灾害发生后受灾区域实时的应急物资需求量。由于能够预测出地震发生之后每日可能存活人数，再根据公式计算出应急物资的每日需求量，实现需求动态预测。

$$S(T) = \delta - N(T),\tag{4-6}$$

$$D^k(T) = \begin{cases} a^k \times S(T) \times \overline{L}, k \in 饮食类 \\ a^k \times S(T) + B^k - \sum_{\varepsilon=1}^{t-1} A^K(T-\varepsilon), k \in 物资类 \\ a^k \times P(T) \times \overline{L} + Z_{1-\alpha} \times \sigma_D^K(T) \times \sqrt{\overline{L}}, k \in 药品类 \end{cases},\tag{4-7}$$

$$\sigma_D^K(T) = \sqrt{\frac{\sum_{i=0}^{T-1}\left[D^K(T-i) - D^{-k}(T)\right]^2}{T}},\tag{4-8}$$

$$D^{-k}(T) = \frac{\sum_{i=0}^{T-1} D^K(T-i)}{T}。\tag{4-9}$$

记地震发生的时刻为 0、地震发生的第一天为 1，由此开始以天为单位计时，标记为 $T(T = 1, 2, \cdots)$；物资需求与灾民数量有关，但是前文预测的数据是地震死亡人数，用灾区总人口数减去累计死亡人数，可得到随时间改变的灾区存活人口数，式（4-6）中，δ 表示灾区总人口数，$N(T)$ 表示 T 时刻灾区的累计死亡人数，二者相减，得到 T 时刻灾区存活人数 $S(T)$；k 表示某种应急物资，如水、食品等，由于物资类别的不同，物资需求的计算公式也不相同。式（4-7）中，$D^k(T)$ 表示在时刻 T 灾区对救援物资 k 的需求总量，a^k 表示救援物资 k 的人均每日需求量；α 表示灾区应急物资的缺货率，则 $1-\alpha$ 表示应急物资供给的满足率，即对灾区人民需求的满足程度，$Z_{1-\alpha}$ 指在服务水平为 $1-\alpha$ 的情况下所对应的服务水平系数，可以通过查询正态分布表获取；$\sigma_D^K(T)$ 表示截至时刻 T，灾区对应急物资 k 单位时间内需求的标准差，计算公式参见式（4-8）。

通过式（4-7）可以估算出某时段内灾区对应急物资 k 的需求量 $D^k(T)$。在式（4-8）中，$D^{-k}(T)$ 表示时刻 T 之前，灾区对救援物资 k 单位时间内需求量的平均值。

4.1.4 应用实例

2008 年 5 月 12 日（星期一）14 时 28 分 04 秒四川省阿坝藏族羌族自治州汶川县映秀镇与漩口镇交界处发生地震。根据中国地震局的数据，此次地震的面波震级达 8.0 Ms、矩震级达 8.3 Mw（根据美国地质调查局的数据，矩震级为 7.9 Mw），地震烈度达到 11 度，称为"汶川地震"。

计算机运行环境为 Core（TM）2CPU2.29GHZ，内存为 2.00 GB，仿真工具为 MATLAB_R2012a。数据来源为 1948 年以来中国发生的 17 次地震的真实数据记录（表 4-3）。人员死亡预测参数包括地震发生时间、地震发生位置经度和纬度、震源深度、震级和死亡人数。

待预测死亡人数的地震案例（汶川地震）基本参数如表 4-4 所示。

图 4-4 为基于欧氏距离的地震案例聚类分析，具体的地震库总死亡人数预测结果如表 4-5 所示，即以其他 17 个案例为样本集进行第 18 个地震案例的预测，依次得到各案例的震后预测死亡总人数，预测结果的平均绝对百分误差均在 20% 以内。在表 4-5 中我们可以看到，此次待预测地震案例汶川地震的预测死亡总人数为 71 013 人，平均绝对百分误差为 2.58%。阈值检验结果表明，此方法对于震后总体死亡人数预测可行。

图 4-5 为待预测案例汶川地震实际实时死亡人数与由式（4-4）和式（4-5）预测的实时死亡人数拟合图。

图 4-6 为通过时间序列模型 ARIMA，根据上述预测汶川地震的前 7 天实时死亡人数对后 11 天进行预测的时间序列预测图。如图 4-6 所示，震后第 8 天至第 18 天死亡人数呈现稳步上升趋势，具体时间的预测死亡人数如表 4-6 所示。

表 4-3　1948 年以来中国地震案例集

地震发生时间						地震名称	地震发生位置		地震参数		地震影响
年	月	日	时	分	秒		纬度/°	经度/°	震源深度/km	震级	死亡人数/人
1948	5	25	7	11	21.0	四川省理塘地震	29.500	100.500	18	7.3	800
1969	7	25	22	49	43.0	广东省阳江地震	22.317	111.800	5	6.4	33
1970	1	4	17	0	40.2	云南省通海地震	24.100	102.500	31	7.8	15 621
1974	5	10	19	25	15.0	云南省和四川省交界处：昭通地震	28.240	104.010	11	7.1	1423
1975	2	4	11	36	7.5	辽宁省鞍山海城地震	40.640	122.580	33	7.4	1328
1976	7	27	19	42	54.6	河北省唐山大地震	39.570	117.980	23	7.5	242 769
1981	1	23	21	13	51.7	四川省道孚地震	30.927	101.098	33	6.8	150
1985	8	23	12	41	56.1	新疆乌恰地震	39.431	75.224	7	7.5	71
1990	4	26	9	37	15.0	青海省共和-兴海地震	35.986	100.245	8	6.9	126
1995	10	23	22	46	50.8	云南省武定地震	26.003	102.227	10	6.2	52
1996	2	3	11	14	20.1	云南省丽江地震	27.291	100.276	11	6.6	322
2003	2	24	2	3	41.4	新疆巴楚地震	39.610	77.230	11	6.3	268
2008	5	12	14	28	0.4	四川省汶川地震	31.002	103.322	19	7.9	69 227
2010	4	13	23	49	38.3	青海省玉树地震	33.165	96.548	17	6.9	2220
2013	4	20	0	2	47.5	四川省龙门地震	30.308	102.888	14	6.6	196
2013	7	21	23	45	56.6	甘肃省定西市岷县-漳县地震	34.512	104.262	8	6.0	95
2014	8	3	8	30	13	云南省鲁甸地震	27.245	103.427	10	6.1	617

资料来源：美国地震勘探局。

表4-4 待预测死亡人数的地震案例（汶川地震）基本参数

地震发生时间						地震发生位置			地震参数		地震影响
年	月	日	时	分	秒	地震名称	纬度/°	经度/°	震源深度/km	震级	死亡人数/人
2008	5	12	14	28	0.4	四川省汶川地震	31.002	103.322	19	7.9	69 227

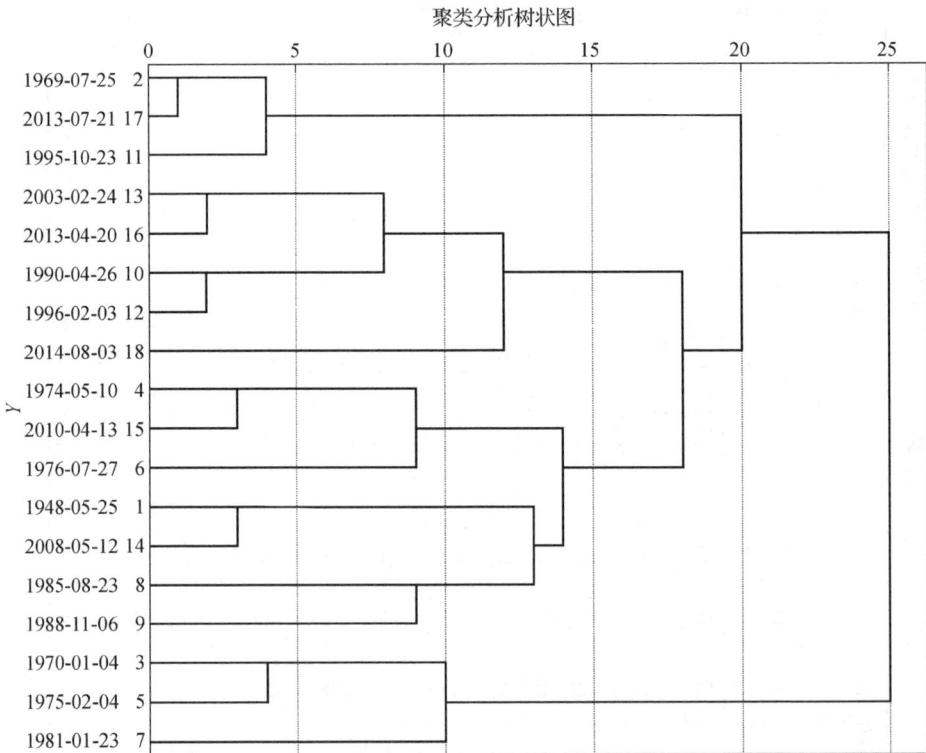

图4-4 基于欧氏距离的地震案例聚类分析

表 4-5　地震库总死亡人数预测结果

类别	平均人口密度/(人/km²)	半径/km	预测值/人	实际值/人	预测死亡率	实际死亡率	平均绝对百分误差	阈值	结果
广东省阳江 (1969.7.25)	188	16.5	34	33		0.021%	3.0%	20%	接受
甘肃省定西市 (2013.7.21)	109	38.6	102	95	0.018%	0.019%	6.3%	20%	接受
云南省武定县 (1995.10.23)	82	30.2	42	52		0.022%	19.2%	20%	接受
新疆巴楚县 (2003.2.24)	40	125.1	295	268		0.013%	12.6%	20%	接受
四川省雅安 (2013.4.20)	54	98.1	202	196		0.015%	3.1%	20%	接受
青海省共和县－兴海县 (1990.4.26)	8	201.1	152	126	0.015%	0.012%	20.0%	20%	接受
云南省丽江 (1996.2.3)	168	60.2	287	322		0.017%	10.9%	20%	接受
云南省鲁甸 (2014.8.3)	229	74.1	592	617		0.016%	4.1%	20%	接受
云南－四川昭通 (1974.5.10)	142	14.1	1596	1423	1.8%	1.6%	12.1%	20%	接受
青海省玉树 (2010.4.13)	5.5	90.4	2539	2220	1.8%	1.57%	14.3%	20%	接受
河北省唐山 (1976.7.27)	564	87.3	242 945	242 769		1.80%	0.07%	20%	接受
四川省理塘 (1948.5.25)	6.1	67.1	862	800		0.93%	7.8%	20%	接受
四川省汶川 (2008.5.12)	58	207	71 013	69 227	0.91%	1.17%	2.58%	20%	接受
新疆乌恰 (1985.8.23)	48	6.5	58	71		1.11%	18.3%	20%	接受
云南省澜沧－耿马 (1988.11.6)	69	19.8	773	748		0.88%	3.3%	20%	接受
云南省通海 (1970.1.4)	199	50.9	13 275	15 621		0.94%	15.1%	20%	接受
辽宁省海城 (1975.2.4)	328	11.2	1059	1328	0.82%	1.03%	20.2%	20%	接受
四川省道孚 (1981.1.23)	8	25.7	136	150		0.90%	9.3%	20%	接受

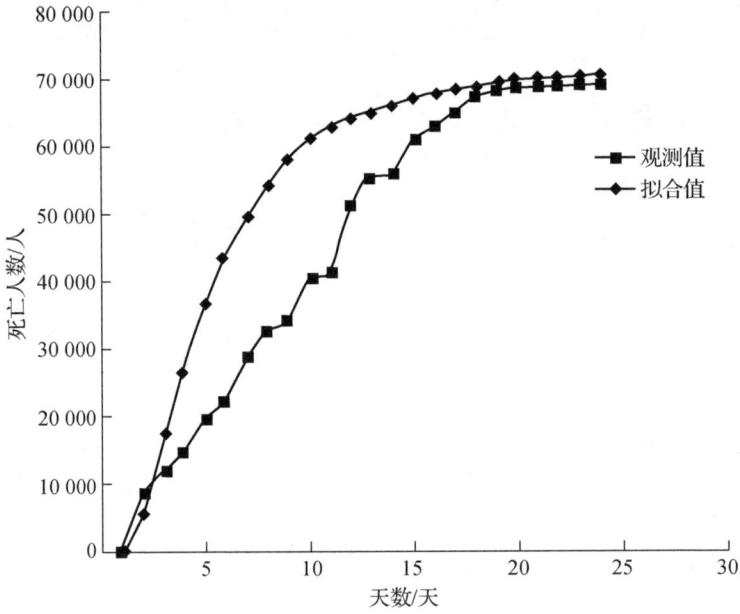

图 4-5　汶川地震死亡人数拟合图

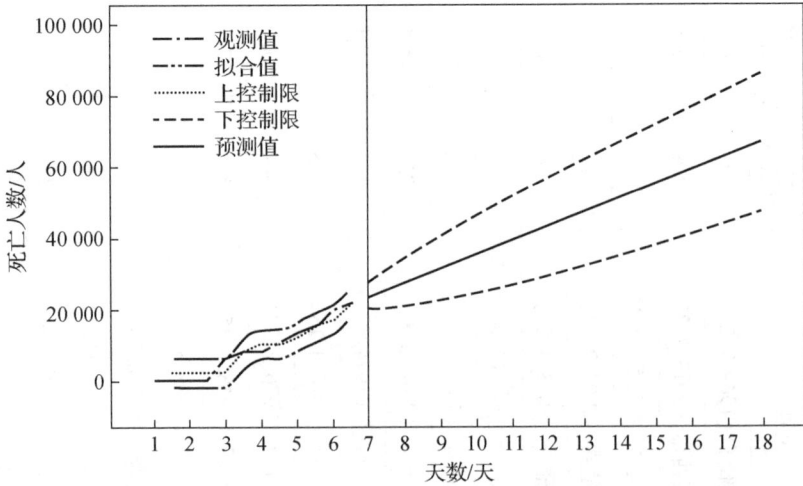

图 4-6　时间序列预测图

表4-6　汶川地震发生后第7天至第18天死亡人数预测结果

震后天数	震后时间/小时	真实值/人	预测值/人	下控制限/人	上控制限/人	预测偏差
7	169.5	34 073	35 429	29 350	41 508	4.0%
8	195.5	40 075	38 381	29 784	46 978	4.2%
9	213.5	41 353	41 333	30 804	51 863	0.048%
10	235.5	51 151	44 285	32 127	56 444	13.4%
11	244.5	55 239	47 237	33 644	60 831	14.5%
12	261.5	55 740	50 190	35 299	65 080	10.0%
13	285.5	60 560	53 142	37 058	69 226	12.3%
14	309.5	62 664	56 094	38 899	73 288	10.5%
15	333.5	65 080	59 046	40 808	77 283	9.3%
16	357.5	67 183	61 998	42 774	81 222	7.7%
17	381.5	68 109	64 950	44 788	88 961	4.6%
18	405.5	68 516	67 902	48 936	92 773	0.90%

　　表4-7列出了不同百分位数（5%～95%）的拟合统计值，包括R^2（决定系数）和绝对误差（以百分比表示），以及一个标准化的贝叶斯信息准则（Bayesian Information Criterion，BIC）值。表4-7为时间序列模型检验结果，由表4-7可知，R^2为0.976，接近1；绝对误差表示预测值与实际值之间的差异，以百分比形式表示。表格中的绝对误差是8.531%，这意味着平均而言，预测值与实际值之间的差异占实际值的8.531%，说明预测值与实际值拟合结果较好，辨识度高，认为该结果可以被接受；BIC值是一个衡量模型拟合优度的指标，同时对模型的复杂度进行惩罚，表中标准化BIC值是16.041，这意味着模型的拟合效果较好。

　　表4-8为基于库存概念的应急物资需求的基本参数，a^1和a^2分别表示饮用水和压缩饼干需求系数，$\overline{L(d)}$为提前期，$\delta(person)$为地震区域震前总人数。图4-7是通过表4-7和式（4-6）、式（4-7）计算得到的实时应急物资需求预测。

表 4-7　时间序列模型拟合结果

拟合统计值	平均值	百分比						
		5%	10%	25%	50%	75%	90%	95%
R^2	0.976	0.976	0.976	0.976	0.976	0.976	0.976	0.976
绝对误差	8.531%	8.531%	8.531%	8.531%	8.531%	8.531%	8.531%	8.531%
标准化 BIC 值	16.041	16.041	16.041	16.041	16.041	16.041	16.041	16.041

表 4-8　基于库存概念的应急物资需求的基本参数

a^k		$\overline{L(d)}$	$\delta(person)$
$a^1(l/d \cdot p)$	$a^2(kg/d \cdot p)$		
2	0.6	1	1 500 000

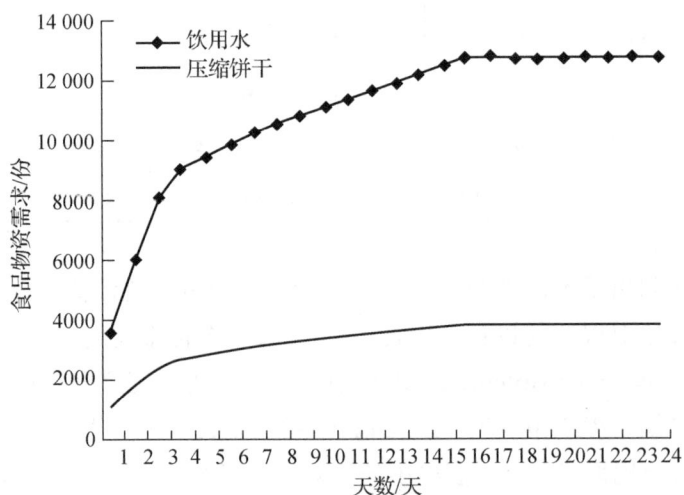

图 4-7　实时应急物资需求预测

4.2　基于"大数据深度学习"路径的应急响应中后期需求精准厘定

4.2.1　支持向量机

支持向量机（Support Vector Machine，SVM）是一种二分类模型，它的基本原理是寻找一个最优的超平面来将不同类别的数据点分隔开。在二维空间中，这个超平面就是一条直线；在高维空间中，它是一个超平面。SVM的核心策略在于识别一个超平面，该超平面不仅能够区分两类数据点，而且实现了这两类之间的最大间隔，这一目标被称为"间隔最大化"。

SVM 的训练过程可以理解为将数据点映射到高维空间，使得在这个高维空间中数据点可以被一个超平面分隔开。为了找到最优的超平面，SVM要解决一个凸优化问题。其优化目标是最大化间隔，同时要求被正确分类的点与超平面的距离尽可能大。除了线性可分的情况，SVM 还可以通过核函数处理非线性可分的数据，即将数据映射到高维空间中，使其在高维空间中线性可分。SVM 在应急管理中的应用主要集中在灾情评估、舆情预警等方面。

（1）灾情评估。SVM 可以通过对历史灾情数据的分析，建立灾情评估模型。例如，在自然灾害发生后，可以利用 SVM 对受灾区域进行分类，评估受灾程度和影响范围，有助于及时采取救援和恢复措施。

（2）舆情预警。SVM 可以用于分析社交媒体上的舆情数据，识别出与应急事件相关的信息，并进行情感分析和主题分类。这有助于政府部门更好地了解公众的态度和需求，及时应对突发事件。

（3）资源调配优化。在应急事件发生时，资源调配是非常重要的。SVM 可以通过对历史应急事件和资源调配方案的分析，建立资源调配优化模型，帮助决策者做出更合理的资源分配决策，提高救援效率。

（4）疫情预测。SVM 可以应用于疫情数据的分析和预测。通过对疫情传播规律的研究，建立疫情预测模型，可以提前预警和采取控制措施，有效遏制疫情的扩散。

（5）火灾风险评估。利用 SVM 对历史火灾数据进行分析，可以建立火灾风险评估模型。SVM 通过分析各种因素，如气候条件、地形地貌、人口密度等，预测不同地区的火灾风险，有助于制定防火政策和应急预案。

综上所述，支持向量机在应急管理中具有广泛的应用前景，可以帮助政府部门和应急机构更好地应对各种突发事件，减少损失，保障人民生命财产安全。

4.2.2　应急响应中后期物资动态需求预测的影响因素

灾情中后期应急物资需求预测和初期在目标和方法上存在显著的差异。

初期的预测主要侧重于迅速响应灾情,满足紧急需求,而中后期则需要更为精细和稳健的预测,以更好地调配和管理资源。初期最主要的目标是迅速、准确地估计受灾区域的物资需求,以便及时调配救援资源,如食品、水源、医疗设备等,提供迅速的支持,以满足基本的生存需求。一般优先满足生命救援所需的物资,确保最大限度地减少人员伤亡。在研究方法上,一般利用历史灾害事件的数据,分析相似情境下的需求模式,以便快速了解可能的需求趋势。同时,使用地面和卫星传感器数据,监测受灾区域的实时情况,包括人口密度、道路状况等,以辅助需求预测。在社交媒体分析方面,监测社交媒体上的实时信息,了解受灾民众的需求和求助信息,以便更准确地定位应急支援点。

应急响应中后期灾情趋于平稳,目标是更加精确地预测物资需求,以优化资源调配,避免浪费和短缺。重点关注社区的长期恢复和重建需求,需求预测也需要考虑成本效益,以确保资源的最优利用。在研究方法上,多利用机器学习算法,通过不断学习和优化模型,提高预测的准确性,一般考虑更多因素,如人口流动、经济状况等。同时,结合 GIS 技术,更好地分析地域差异,建立完整的需求链条模型,包括生产、储存、运输等各个环节,以便更精细地制订调配计划,更好地理解需求的演变和传播。

综合而言,初期需求预测注重迅速响应和生命救援,利用简单而迅速的方法;而中后期需求预测则需要更加精细和深入的分析,利用更复杂的模型和大量实时数据,以优化资源调配并支持社区的长期恢复。

4.2.3 SVM-ARIMA 预测模型构建

本书通过构建时间序列波动周期函数,运用 SVM 核函数将低维空间的非线性问题转换成高维空间的线性问题,应用时间序列分析和 SVM 相结合的方法,兼顾组合模型的预测精度和稳定性。首先运用 ARIMA 方法进行序列残差预测,再建立 SVM 回归模型完成口罩需求的非线性预测部分,最大化两类样本在特征空间上的距离以寻求全局最优解,为重大公共卫生突发事件中发放的社会捐赠口罩物资定量需求预测提供技术支撑。

4.2.3.1 组合模型思想

作为机器学习领域的重要算法,SVM 于 1995 年由 Vapnik 等正式提出,一般分为线性可分、线性不可分和非线性三类。核函数是 SVM 回归模型中非线性映射的关键性因素,运用核函数可以巧妙规避耗时、复杂的高维空间内积运算，目前常用的 SVM 核函数有线性核函数、径向基核函数（RBF）、多项式核函数（Polynomial）、多层感知机函数（MLP）4 种。其中，线性核函数和多项式核函数作为全局性核函数具有较强的泛化能力，但其学习能力和非线性逼近能力方面的表现有待进一步提高。鉴于此，本书采用非线性逼近能力和学习能力较强的局部性核函数 RBF，将非线性样本集特征映射至高维空间中以实现较好的分类效果，试图从根本上解决应急物资时间序列的非线性问题。

首先，利用 ARIMA 模型建立初始预测模型，对应急物资需求 L_t 和残差序列 N_t 进行预测；其次，利用 SVM-ARIMA 组合模型对初始模型 N_t 再次预测，得到 N_t'；最后，将预测结果反馈到初始预测序列，通过 N_t' 和 L_t 求和得出组合预测序列 Y_t，从而实现对初始预测值的修正，具体步骤如图 4-8 所示。上述学习过程主要建立于通过多轮迭代残差的基础上，可以扩大 ARIMA 模型在预测研究领域的应用范围，得到符合应急物资需求变化规律的混合预测模型。

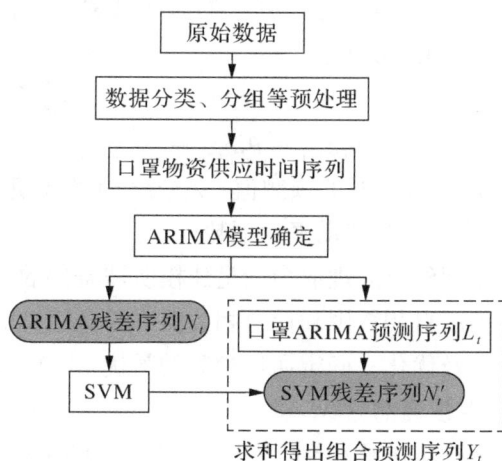

图 4-8　组合预测示意

4.2.3.2　模型构建

（1）波动周期的计算

突发事件应急响应实务中，应急物资需求的时间序列往往不完全连续。将最小时间单元（如每天、每时等）中未发放口罩物资的需求统计量设为 0，i 为发放口罩类别，最小供应时间单元数量总计为 k_i（如 k_i 天、k_i 时等),$f_i(f_i \geq 1)$ 为 i 类口罩需求时间序列的波动周期整数,则波动周期数量 m_i 为 $\lceil k_i/f_i \rceil$,每个波动周期所对应的需求统计量中连续零值的数量记为 $n_1, n_2, \cdots, n_{\lceil k_i/f_i \rceil - 1}, n_{\lceil k_i/f_i \rceil}$,则 i 类捐赠口罩在每个波动周期内最多连续零值的数量 n_{mi} 应小于 f_i,即 f_i 取不小于 $n_{mi} + 1$ 的最小正整数,如式(4–10)所示:

$$f_i \geq n_{mi} + 1,$$
$$n_{mi} = \max(n_1, n_2, \cdots, n_{\lceil k_i/f_i \rceil - 1}, n_{\lceil k_i/f_i \rceil})。 \tag{4–10}$$

(2)ARIMA 线性预测部分 L_t

将口罩需求时间序列 M_t 看作由线性自相关的 L_t 与非线性的 N_t 两部分组成,即

$$\hat{M}_t = L_t + N_t。 \tag{4–11}$$

建立时间序列 ARIMA(p,d,q)模型:ARIMA 模型中预测值为过去若干取值和随机误差的线性函数。使用 ARIMA 对口罩需求时间序列 M_t 进行预测,设预测结果为 $\hat{M}_t$,原序列和 ARIMA 模型预测结果的残差为 e_t,即 $e_t = M_t - \hat{M}_t$,序列 $\{e_t\}$ 隐含了原序列中的非线性关系,$e_t = f(e_{t-1}, e_{t-2}, \cdots, e_{t-n}) + \varepsilon$,其中,$\varepsilon$ 为随机误差。

$$\hat{M}_t = C + \varphi_1 M_{t-1} + \varphi_2 y M_{t-2} + \cdots + \varphi_p M_{t-p} + \tag{4–12}$$
$$\varepsilon_t - \theta_1 \varepsilon_{t-1} - \theta_2 \varepsilon_{t-2} - \cdots - \theta_q \varepsilon_{t-q}。$$

式(4–12)中,$\hat{M}_t$ 是 t 时的预测值,ε_t 为 t 时的随机误差,φ_i 和 φ_j 是系数,p 为自回归项数,q 为移动平均项数。

口罩需求时间序列经过处理成为满足建模所需条件的平稳序列,通过分析处理后的时间序列的自相关图和偏自相关图,筛选适宜的 p 值和 q 值,对模型进行有效性检验及优化,确定通过检验的最优 ARIMA 模型。

(3)SVM 非线性预测部分 N_t

对残差序列进行样本重构得到 SVM 样本集。通过核函数将低维空间中线性不可分数据映射至高维特征空间中成为线性可分数据,进而对高维线性可分数据进行 SVM 分类识别。核函数本质上对应于高维空间的内积 $K(x_i, x_j) = \varphi(x_i)\varphi(x_j)$。其中 RBF 具有较宽的收敛域,泛化能力较强,预测效果较为理想,故本书选用 RBF 对模型进行测试:

$$K(x_i, x_j) = \exp(g\|x_i - x_j\|^2), g > 0。 \tag{4–13}$$

设训练数据集为 $\{(x_i, x_j), i \in l\}$,则回归模型如式(4–14)所示:

$$f(x) = \omega\varphi(x) + b。 \tag{4–14}$$

其中，ω 为权重向量，b 为偏差，$\varphi(x)$ 为非线性核函数。其对应的优化问题如式（4-15）所示：

$$\min \frac{1}{2}\|\omega\|^2 + c \sum_{t=1}^{l}(\xi_i),$$

$$s.t. \ |f(x_i) - y_i|\xi \leq \xi_i + \zeta, i = 1,\cdots,l。 \tag{4-15}$$

其中，ξ_i 为误差 ζ 约束下训练绝对误差的上限，c 为惩罚参数，用来惩罚超出误差范围的样本。设残差预测结果为 $\hat{e}_t$，最终的预测结果 $\hat{M}_t = L_t + \hat{e}_t$。

4.2.4　应用实例

数据源于武汉市红十字会提供的每日发放社会捐赠口罩物资数量（2020 年 2 月 1 日至 3 月 16 日），包括武汉市新冠肺炎疫情防控指挥部向中国人民解放军中部战区总医院、武汉大学人民医院、华中科技大学同济医学院附属同济医院和武汉火神山医院等全市医院、卫生院和卫生服务中心发放的各类社会捐赠口罩物资。

新冠疫情初期，由于国内口罩物资库存有限且企业复工、复产难度大，"一罩难求"成为当时口罩市场的常态，因此，有大量海内外捐赠的防疫物资驰援湖北省，特别是武汉市抗疫攻坚战前线。源源不断的口罩物资中不可避免地出现功能和使用标准不一的问题：针对非油性颗粒物的 N 系列、KN 系列、FFP 系列、KF 系列口罩型号，分别采用美国、中国、欧洲、韩国口罩标准，数字越大则相应的防护等级越高。从指标数值来看，各型号针对非油性颗粒物的过滤效率（防护能力）从高到低依次为：N100 = KN100 > N99 = FFP3 > N95 = KN95 ≈ FFP2 > KN90 > FFP1。为更好地分析武汉各定点医院向武汉市红十字会请求社会捐赠口罩物资的需求变化情况，本书根据疫情需要、口罩用途和使用标准，将武汉市新冠肺炎疫情防控指挥部发放的社会捐赠口罩物资大体分为六个类别，如表 4-9 所示。

表 4-9　武汉市新冠肺炎疫情防控指挥部发放的社会捐赠口罩物资分类

类别	分类标准	口罩产品
1	N95/KN95 及以上防疫口罩	①N95/KN95/N96 防疫口罩 ②FFP2/FFP3 标准口罩
2	N95/KN95 以下防疫口罩	③FFP1/N90/KF94 标准口罩

续表

类别	分类标准	口罩产品
3	一次性使用医用口罩	④N95/FFP2/KF94 等医用口罩 ⑤其他外科医用防护口罩
4	一次性使用非医用口罩	⑥无纺布口罩/过滤防护口罩/高效防护口罩等
5	日常防护型口罩	⑦防护口罩/普通隔离口罩/儿童口罩/成人口罩/女性口罩/平面口罩/普通脱脂纱布口罩等
6	颗粒防护用过滤口罩	⑧细颗粒物（PM2.5）防护口罩/高效颗粒过滤防护口罩/石墨烯防霾口罩/自吸过滤式防颗粒口罩

本书运用 Eviews 对武汉市新冠肺炎疫情防控指挥部发放的口罩物资进行时间序列分析，通过构建 ARIMA 模型探究口罩需求数量与时间变化的关系，计算原序列与 ARIMA 模型预测结果的残差；然后，使用 R 语言（3.6.3 版）对残差序列进行样本重构获得 SVM 样本集，应用 e1071 包对残差进行 SVM 预测。将两种模型的预测结果相加得到最终的预测结果。

以 2020 年 2 月 1 日至 3 月 16 日发放的 FFP1/N90/KF94 标准口罩为例，经过数据处理和分析得出最小供应时间单元的数量 k_i 为 45 日，则波动周期的数量 $m_{FFP1} = [45/f_i]$。经计算得出：当波动周期 $f_i = 3$ 时（每 3 天的需求统计量为时间单元），口罩时间序列共存在 15 个波动周期，每个周期内最多连续零值的数量 n_{mi} 为 2，符合式（4-10）的条件判断，因此需求时间序列波动周期为 3 天。

（1）社会捐赠口罩物资的需求变化趋势分析

在实际操作过程中发现，由于口罩发放时间不连续，根据最小时间单元分析，每日数据波动过大易导致预测不精准。因此，以每 3 天为一个时间单元进行数据统计，以 FFP1/N90/KF94 标准口罩为例，将 45 天口罩发放数据转换为 15 次统计数据。同时，以每 3 天为一个时间单元进行统计预测，有利于决策者提前进行紧急扩大生产或加快国内国际采购的响应预判。

图 4-9 为 2020 年 2 月 1 日至 3 月 16 日社会捐赠口罩物资的需求随时间

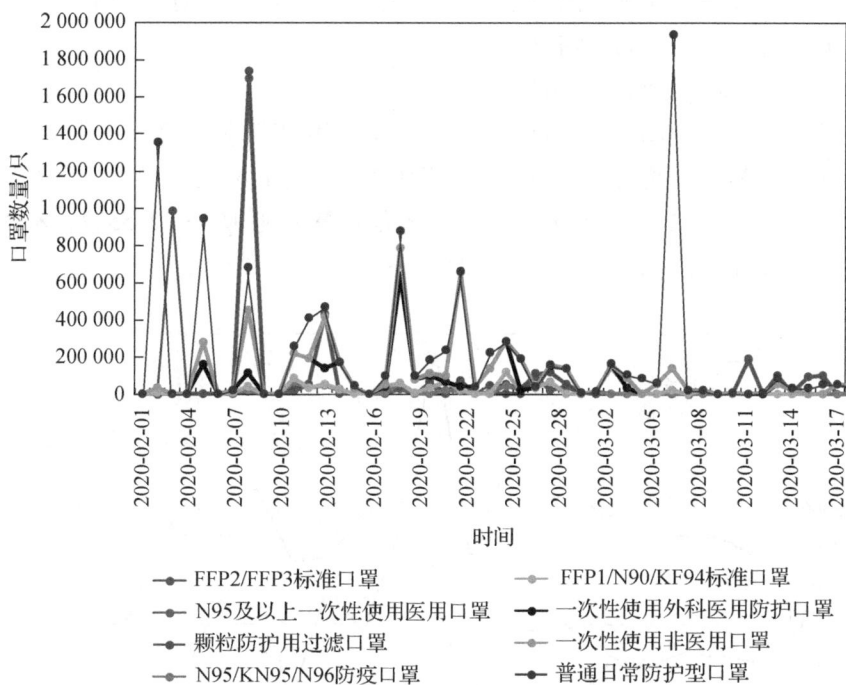

图 4-9　社会捐赠口罩物资的需求随时间变化趋势

变化趋势。由图 4-9 可见，不同类型口罩需求时间序列整体呈现快速增长再逐渐回落，最终趋向稳定状态。其中，颗粒防护用过滤口罩、一次性使用非医用口罩、一次性使用医用口罩等在 2 月 3 日至 2 月 25 日相继出现需求高峰，该趋势与工业和信息化部发布的全国医用物资供应"紧平衡"阶段（2020 年 2 月 3 日至 2 月 25 日）及病例数发展趋势基本相符。2020 年 2 月 25 日后口罩需求基本趋于平稳，这与马金华、张继云研究的应急配置"稳定平衡"阶段（大致为 2020 年 2 月 25 日后）的研究结论一致。同时，该结论与葛洪磊、刘南根据国务院、湖北省新冠肺炎疫情防控工作新闻发布会的公布资料梳理的新冠肺炎疫情演化的初中期"交通管制下的多城市暴发"阶段（2020 年 1 月 23 日至 2 月 10 日）和疫情中期"社区控制下的全国高峰期"阶段（2020 年 2 月 11—22 日）演化情境基本吻合。值得注意的是，普通日常防护型口罩在 2020 年 3 月 5 日至 3 月 8 日呈现突发性短暂增长后迅速回落。此次需求量突发性增长可能由于 2020 年 2 月在应急物资动员过程中，充分发挥政府和民间力量迎来口罩产量井喷①，其有效缓解了口罩供需矛盾，充分满足了防护需求。

（2）ARIMA 预测模型结果

以 FFP1/N90/KF94 标准口罩为例，对 2020 年 2 月 1 日至 3 月 16 日发放的社会捐赠口罩物资构建时间序列预测模型。通过对各个参数进行调整和检验，确定 AR（12）为最优模型，赤池信息量准则 $AIC = 22.5522$，利用该预测模型绘制预测拟合图（图4-10）。

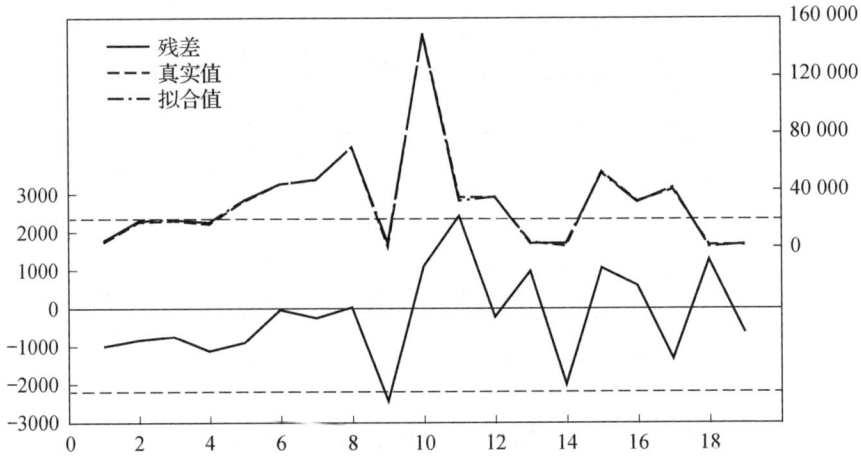

图4-10　ARIMA 真实值与预测值拟合及残差拟合结果

如表4-10所示，在 1% 显著性水平下，F 统计量的临界值 $F = 310.3647$ $[>F]\_(0.01)(1,13) = 9.07$，因此回归方程通过 F 检验，方程线性关系显著成立。拟合优度 $R^2 = 0.9988$，表明 FFP1/N90/KF94 标准口罩需求量 99.88% 的变化可以由模型解释，拟合情况比较理想。

使用 R 语言编程建模，参数设置如下：SVM-Type 为 eps-regression，核函数（SVM-Kernel）为 radial 函数，C（cost）= 1000，gamma = 0.0001，epsilon = 0.1，使用参数设置下训练得到的模型对 FFP1/N90/KF94 标准口罩需求时间序列近 10 次（30 天）的数量残差进行预测。

---

① 2020 年 3 月 2 日，据国家发展改革委调度数据显示，截至 2020 年 2 月 29 日，全国口罩日产量达到 1.16 亿只，是 2 月 1 日的 12 倍。

表 4-10　ARIMA 预测模型结果

变量	系数	标准误差	T 检验	概率
C	40400.90	64.3281	628.0668	0
AR (1)	−1.3179	0.0656	−20.0988	0
AR (2)	−1.3606	0.0458	−29.7308	0
AR (3)	−2.1089	0.0606	−34.8176	0
AR (4)	−1.9077	0.0643	−29.6854	0
AR (5)	−1.5787	0.0612	−25.7873	0
AR (6)	−1.5236	0.0496	−30.7281	0
AR (7)	−1.5797	0.0615	−25.6709	0
AR (8)	−1.9104	0.0649	−29.4223	0
AR (9)	−2.1094	0.0600	−35.1542	0
AR (10)	−1.3546	0.0449	−30.1600	0
AR (11)	−1.3195	0.0653	−20.1992	0
AR (12)	−0.9908	0.0034	−288.0901	0
R-square	0.9988	Mean dependent var	31 588.26	
Adjusted R-squared	0.9955	S. D. dependent var	35 281.28	
S. E. of regression	2355.070	Akaike info	22.5522	
Sum squared resid	2773.770	Schwarz criterion	23.2482	
Log likelihood	−200.2463	Hannan-Quinn	22.6700	
F-statistic	310.3647	Durbin-Watson stat	2.2561	
Prob (F-statistic)	0			

（3）组合模型预测结果

ARIMA 预测模型与 SVM-ARIMA 组合模型预测结果如表 4-11 所示。相对误差比较如图 4-11 所示。

表 4-11 ARIMA 预测模型与 SVM-ARIMA 组合模型预测结果

日期	ARIMA 预测	ARIMA 预测残差	相对误差	组合预测残差	SVM-ARIMA 组合预测	相对误差
2020 - 02 - 01 至 2020 - 02 - 03	4298. 07	- 998. 07	30. 25%			
2020 - 02 - 04 至 2020 - 02 - 06	18 333. 90	- 833. 90	4. 77%			
2020 - 02 - 07 至 2020 - 02 - 09	19 045. 50	- 745. 51	4. 07%			
2020 - 02 - 10 至 2020 - 02 - 12	17 122. 30	- 1122. 26	7. 01%			
2020 - 02 - 13 至 2020 - 02 - 15	33 005. 60	- 904. 55	2. 82%			
2020 - 02 - 16 至 2020 - 02 - 18	44 109. 30	- 37. 34	0. 08%	- 37. 24	44 072. 06	0
2020 - 02 - 19 至 2020 - 02 - 21	47 310. 60	- 250. 60	0. 53%	- 250. 50	47 060. 10	0
2020 - 02 - 22 至 2020 - 02 - 24	70 069. 40	30. 63	- 0. 04%	30. 73	70 100. 13	0
2020 - 02 - 25 至 2020 - 02 - 27	2600. 20	- 2440. 20	15. 25%	- 902. 09	1698. 12	9. 61%
2020 - 02 - 28 至 2020 - 03 - 01	148 696	1103. 65	- 0. 74%	1097. 91	149 793. 91	0
2020 - 03 - 02 至 2020 - 03 - 04	32 492. 20	2427. 78	- 6. 95%	1097. 91	33 590. 11	- 3. 81%
2020 - 03 - 05 至 2020 - 03 - 07	35 237. 30	- 227. 29	0. 65%	- 227. 19	35 010. 11	0
2020 - 03 - 08 至 2020 - 03 - 10	2434. 17	973. 83	- 28. 57%	973. 73	3407. 90	0

续表

日期	ARIMA 预测	ARIMA 预测残差	相对误差	组合预测残差	SVM-ARIMA 组合预测	相对误差
2020 – 03 – 11 至 2020 – 03 – 13	2502.71	– 2002.71	4.01%	– 902.09	1600.62	2.20%
2020 – 03 – 14 至 2020 – 03 – 16	51 701.70	1058.28	– 2.01%	97.91	51 799.61	– 1.82%

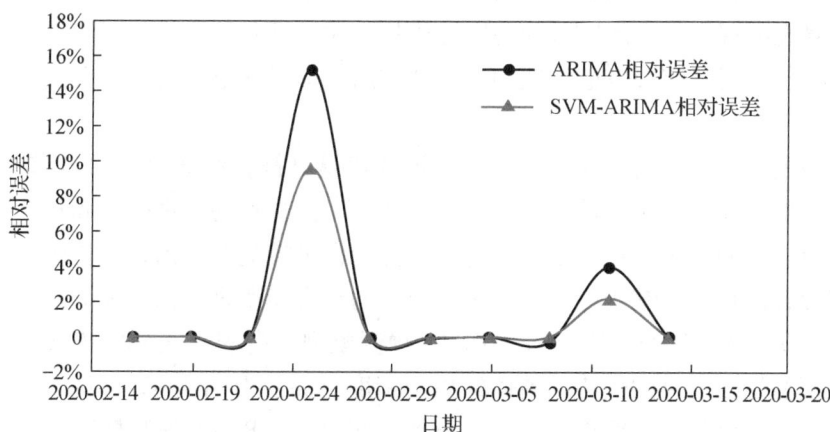

图 4-11　相对误差比较

（4）模型检验

采用平均绝对误差（MAE）、均方误差（MSE）、平均绝对误差百分比（MAPE）作为模型性能的评价指标，MAPE 改进或退化的百分比（$P_{MAPE} = \left| \dfrac{MAPE_1 - MAPE_2}{MAPE_1} \right|$）作为模型预测精度的评价指标。

$$MAE = \frac{1}{n} \sum\nolimits_{i=1}^{n} \left| observed_t - predicted_t \right|, \qquad (4\text{-}16)$$

$$MSE = \frac{1}{N} \sum\nolimits_{i=1}^{n} \left(observed_t - predicted_t \right)^2, \qquad (4\text{-}17)$$

$$MAPE = \sum\nolimits_{i=1}^{n} \left| \frac{observed_t - predicted_t}{observed_t} \right| \times \frac{100}{n}。 \qquad (4\text{-}18)$$

由式（4-16）、式（4-17）、式（4-18）计算得出，在 ARIMA 预测模

型中，$MAE = 1.89$，$MSE = 24.87$，$MAPE = 1.03$；在组合预测模型中，$MAE = 1.18$，$MSE = 9.73$，$MAPE = 0.64$。

采用式（4-19）用于比较第二个模型相对于第一个模型的改进或退化的百分比，以说明模型的预测性能，其定义如下：

$$P_{MAPE} = \left| \frac{MAPE_1 - MAPE_2}{MAPE_1} \right| \text{。} \tag{4-19}$$

与 ARIMA 预测模型相比，三者的 MAE、MSE 和 $MAPE$ 的预测误差分别降低了 37.57%、60.88%、37.86%，同时说明在 FFP1／N90／KF94 口罩需求分析过程中，非线性相互作用对口罩需求值存在关键影响，是由于 SVM 模型本身在处理小样本问题时的稳定性优势，线性预测的优势并不能得到很好发挥，也说明了综合考虑线性和非线性作用科学建立组合模型的合理性与必要性。

综上所述，采用线性与非线性的组合建模更符合所选口罩的需求特性，能够更准确地预测其需求时间序列，从而为应急物资的合理配置和科学决策提供更精确的关键参数。模型预测误差完全在可接受范围内，与传统的时间序列拟合法相比，基于径向基核函数建立的组合模型表现出很大的优势，其 MAE、MSE 和 $MAPE$ 值均小于 ARIMA 预测模型，有利于充分发挥线性与非线性模型组合建模的优势，整体的预测精度更高。由图 4-12 可见，组合模型的预测结果与实际需求的曲线拟合的效果优于 ARIMA 预测模型，说明组

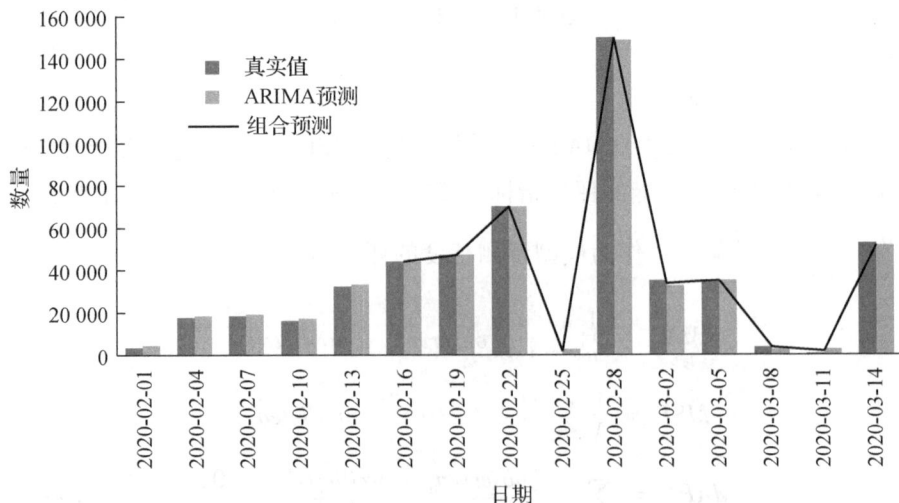

图 4-12　ARIMA 预测模型与组合模型预测结果对比

合模型能够充分利用原始数据中的综合信息，避免了单一模型的局限性。同时，模型的性能结果 P_{MAPE} 也进一步验证了该模型预测结果精准度的有效性。

4.3　本章小结

4.1 节首先将应急响应初期应急物资需求预测问题转化为死亡人数预测问题，对总死亡人数和实时动态死亡人数进行了科学的预测，然后将预测的死亡人数转化为物资需求数量。基于上述研究思想，首先重点研究了震灾应急初期应急物资需求量的预测问题，提出"平均人口密度"的概念，并将其与案例推理技术相结合引入中国地震案例的预测，更符合中国人口基数大、不同地域人口密度差异较大的国情；同时，对动态实时死亡人数的预测使得震灾发生后不同阶段的死亡人数清晰可见，以便政府应急部门和决策者针对不同时间段的死亡人数进行针对性的应急决策。4.1 节所提出的案例推理模型与时间序列模型相结合的方法，不仅吸取了我国已经发生的历史案例中的经验教训，而且科学地利用时间序列模型，使得预测的应急中后期的死亡人数更为准确；最后利用仓库概念的死亡人数和应急物资的线性关系式计算实时应急物资需求量。4.2 节在提出应急物资需求波动周期的基础上，以武汉市新冠肺炎疫情防控指挥部发放的社会捐赠口罩物资数据为研究对象，分析了 2020 年 2 月 1 日至 2020 年 3 月 16 日口罩需求量的变化趋势；同时，以 FFP1/N90/KF94 标准口罩物资为例，发现了口罩物资需求既存在纵向时间相关性又存在非线性，验证了 SVM-ARIMA 组合模型在口罩需求预测方面的实用性。因此，对于不同类型的物资，应根据其实际的线性和非线性特征，采取相应的预测和配置策略。

第 5 章　人工智能在关键应急
物资特征挖掘中的应用

受灾群体特征对于应急救援方案的制定及应急物资调度的效率和满意度起着重要的作用。年龄结构、性别比例及就业情况等都与应急物资种类、数量和调度满意度直接相关。灾后应急救援的核心任务首先是在最短的时间内以最高的效率抢救一切生命财产；其次是要在灾后应急阶段的不同时期对灾民进行物资方面的保障，显而易见，抢救生命财产部分的主要衡量标准是灾民存活率，那么对灾民的物资调度和配送的主要衡量标准就是灾民的满意度，即灾民自身在震后对获得的各类应急物资数量、质量及获取时间等方面的满意程度。

5.1　基于受灾群体特征的调度优化模型

5.1.1　受灾群体特征概述

满足灾民需要的应急物资调度必须基于对灾民实际情况的透彻了解，如果不能准确认识和分析灾民的特性，就难以开展适当的医疗救援、应急物资需求预测及应急物资调度工作。此外，重大突发事件的灾民特征会因事件的性质和地点而异。一般来说，灾民的年龄结构、性别比例和就业情况可能会受到多种因素的影响，包括地理位置、灾害类型、社会经济条件等。在一些灾难中，年龄结构可能会呈现出一定的偏差。一般来说，儿童和老年人可能更容易受到伤害或需要特殊照顾。例如，在地震或洪水等自然灾害中，儿童和老年人可能更容易受到伤害，因为他们可能无法逃离灾害或抵御灾害的影响。而年轻人可能更有能力适应灾害后的环境，并参与重建工作。灾民中性别比例也可能存在差异。在某些情况下，男性可能更容易受到伤害或参与救援工作，从而导致灾民中男性的比例较低。例如，在战争或冲突中，男性可能更容易成为战斗的对象，从而导致灾民中女性的比例较高。然而，这种性别比例的差异也取决于具体的事件和地理位置。另外，重大突发事件可能会对灾民的就业情况产生重大影响。灾害可能导致当地经济活动暂停或被破坏，进而导致大量人口失去工作机会。例如，在自然灾害中，农田被破坏可能导致农民失去收入来源。不过，一些灾害也可能刺激重建和救援工作，从而提供就业机会。例如，在地震后，重建工作可能需要大量的劳动力，从而创造就业机会。因此，分析灾民的特性对生命财产抢救及灾害援助工作十分关键。

要了解特定事件的灾民特征，可以参考相关的灾害报告、政府机构或国际组织的数据。这些机构通常会收集和发布有关灾民特征的信息，以便更好地了解和应对灾害的影响。重大突发事件对受灾民众的负面影响是多方面的。

（1）生命安全威胁。重大突发事件往往会导致人员伤亡和生命安全受到威胁。例如，自然灾害（如地震、洪水、飓风等）可能导致建筑物倒塌、道路损毁，造成人员伤亡。此外，恶劣的天气条件和环境污染也可能对人们的健康产生负面影响。

（2）住房和基础设施被破坏。重大突发事件通常会导致住房和基础设施被破坏，使受灾民众失去住所和基本生活条件。受灾民众可能会因此无家可归、生活困难，甚至长期无法恢复正常生活。

（3）经济损失。重大突发事件会对当地经济造成严重冲击。例如，自然灾害可能破坏农业、畜牧业和渔业，导致农民、牧民和渔民的收入减少。此外，重大突发事件还可能导致工厂停产、商业中断，使企业和雇员面临经济困境。

（4）心理创伤。重大突发事件会对受灾民众的心理健康产生负面影响。失去亲人、朋友或财产，目睹破坏和伤亡，以及长期处于不安全的环境中，都可能导致心理创伤，如抑郁和焦虑等问题。

（5）教育中断。重大突发事件可能会导致学校和教育机构关闭，使受灾民众的教育被中断。这对儿童和青少年的学习和发展产生负面影响，可能导致他们失去学习机会和未来发展的机会。

（6）社会秩序混乱。重大突发事件可能导致社会秩序混乱和治安问题加剧。人们可能因为资源短缺、紧急情况和恐慌而产生冲突和暴力行为，进一步加剧受灾民众的困境。

（7）医疗资源紧张。重大突发事件可能导致医疗资源紧张和医疗服务不足。大量的伤员需要医疗救治，但医疗设施可能不足以满足需求，这可能导致疾病的传播和治疗的延误，增加受灾民众的健康风险。

（8）社会融合问题。重大突发事件可能导致社会融合问题加剧。受灾民众可能面临种族、阶级、性别等方面的歧视和不公平待遇，导致社会分裂和不稳定。

总之，重大突发事件对受灾民众的负面影响是多方面的，涉及生命安全、住房、经济、心理健康、教育、社会秩序、医疗资源和社会融合等方面。因此，应该加强预防和减灾工作，提高应急响应能力，以减少重大突发事件对受灾民众的不利影响。以往的应急物资调度研究只是针对调度时间、调度成本等因素进行多目标规划，而忽略了灾民特征不同而导致的不同调度和救援需求，应急救援的核心是以人为本的救助，因此，针对不同特性的灾民制定救助方案、监控和评价救助效果十分必要。

5.1.2 测度指标筛选

准确、科学的灾情分析首先应从对灾民特性的初始评估入手。初始评估可为评价灾情决策提供基础资料，并有助于确定如何开展有效的应急物资预测、筹集及调度活动。然后，通过对应急物资调度信息系统实施全程监控，确定救助是否满足灾民需要及是否需要进行调整等。参与救助的各方（包括灾民）应做到信息共享，对于全面了解问题所在和协调救助工作是至关重要的。来自分析过程中的文件和详细资料有助于广泛了解灾害对公众健康的不利影响和其他后果，并有助于制定和完善防灾减灾对策。

重大突发事件灾民特性测度指标是用来评估和描述灾民在灾害事件中所表现出的特征和情况的指标。这些指标可以帮助政府、救援机构和研究人员更好地了解灾民的需求和脆弱性，从而制订相应的救援和恢复计划。以下是一些常见的重大突发事件灾民特性测度指标。

（1）人口特征指标

①年龄分布。灾民的年龄结构对于救援和恢复计划的制订具有重要意义。不同年龄段的人群可能有不同的需求和脆弱性。

②性别比例。性别比例可以揭示灾民群体中男女比例的失衡情况，从而帮助制订性别平等的救援计划。

③家庭结构。了解灾民的家庭结构可以帮助确定家庭成员之间的相互依赖关系，从而更好地满足他们的需求。

（2）社会经济指标

①教育水平。灾民的教育水平可以反映他们的知识和技能水平，对于提供恰当的教育和培训资源至关重要。

②就业状况。了解灾民的就业状况可以帮助评估他们的经济能力和就业机会，从而制订就业援助计划。

③收入水平。收入水平可以反映灾民的经济状况和贫困程度，对于提供经济援助和救济措施至关重要。

（3）健康状况指标

①疾病和伤害。了解灾民的疾病和伤害情况可以帮助评估医疗援助的需求和应急响应的重点。

②营养状况。灾民的营养状况对于制订合理的食品援助计划和健康管理措施至关重要。

③心理健康。重大突发事件可能对灾民的心理健康产生负面影响，了解他们的心理健康状况有助于为他们提供心理支持和康复服务。

（4）住房和基础设施指标

①住房条件。评估灾民的住房条件可以帮助确定住房援助和重建计划的重点。

②水、卫生和环境条件。了解灾民的水、卫生和环境条件可以帮助评估公共卫生风险和提供相应的援助措施。

③基础设施状况。评估灾民所在地区的基础设施状况可以帮助确定重建基础设施和基础设施恢复的优先级。

筛选这些指标的过程需要综合考虑多个因素，包括灾害类型、地理环境、社会文化背景等。目前很多学者对应急物资调度的研究重点都放在技术层次上，即对应急物资调度进行调查、评估和定量研究等，这些对有效的应急管理都是必不可少的，但它们只是有效应急管理的必要条件。现阶段，人们对突发事件的风险感知大多依赖直觉和经验来做判断，这些判断往往会带来很大的偏差，在一定的条件下还将导致极度的恐慌行为，并且应急物资的调度是灾民较为关心的一项应急应对措施，如果不了解这些行为反应，处理不当，将会带来更大的负面影响。由于灾民存在心理偏差反应，突发事件的影响往往会超过它本身所带来的影响，并且会产生更大的负面舆论效应，甚至会威胁到一个国家的政权和制度。

在突发事件应急管理中，应急物资调度起到了非常重要的作用，灾民对应急物资调度越来越重视，灾民的风险感知，除了突发事件本身造成的之外，有很大一部分是由于无法及时得到应急物资的恐慌所造成的。在应急物资调度的过程中，要着重考虑灾民的风险感知情况，通过改变应急物资调度方式、方案，使灾后救援满足灾民的期望，能有效地降低灾民对突发事件的风险感知，更有助于应急救援工作的及时展开，减少灾民损失。

5.1.3 灾民特性模型构建

表 5-1 中 x_{ij} 表示第 i 个年龄组的第 j 个观测值；$x_i = \sum_{j=1}^{n} x_{ij}$ 表示第 i 个年龄组 j 个观测值的和；$\overline{x_{i.}} = \sum_{j=1}^{3} x_{ij}/n = x_{i.}/n$ 表示第 i 个年龄组的平均数。横向个体间的差异成为随机误差（组内差异），由试验造成；纵向个体间的差异称为系统误差（组间差异），由因素的不同水平造成。

表 5-1　每个处理有 3 个观测值的数据模式

处理（A_i） （年龄组）	观测值（x_{ij}）			合计	平均 （$\overline{x_{i.}}$）
A_1（0~14 岁）	x_{11}	x_{12}	x_{13}	$x_{1.}$	$\overline{x_{1.}}$
A_2（15~29 岁）	x_{21}	x_{22}	x_{23}	$x_{2.}$	$\overline{x_{2.}}$
A_3（30~44 岁）	x_{31}	x_{32}	x_{33}	$x_{3.}$	$\overline{x_{3.}}$
A_4（45~59 岁）	x_{41}	x_{42}	x_{43}	$x_{4.}$	$\overline{x_{4.}}$
A_5（60~74 岁）	x_{51}	x_{52}	x_{53}	$x_{5.}$	$\overline{x_{5.}}$
A_6（75~89 岁）	x_{61}	x_{62}	x_{63}	$x_{6.}$	$\overline{x_{6.}}$

x_{ij} 可以分解为：

$$x_{ij} = \mu_i + \varepsilon_{ij}。$$

μ_i 表示第 i 个年龄组观测值总体的平均数。为了看出各处理的影响大小，将 μ_i 再进行分解，令

$$\mu = \frac{1}{k} \sum_{i=1}^{k} \mu_i,$$

则

$$\alpha_i = \mu_i - \mu,$$

$$x_{ij} = \mu + \alpha_i + \varepsilon_{ij}。$$

这里的 μ 就是所有 μ_i 的平均值，α_i 表示第 i 个处理组效应与平均效应 μ 的差值，反映了每个处理组相对于平均效应的特定变化。显然有

$$\sum_{i=1}^{k} \alpha_i = 0。$$

ε_{ij} 是试验误差，相互独立，且服从正态分布 $N(0,\sigma^2)$。

于是检验假设：$H_0 : \mu_1 = \mu_2 = \cdots = \mu_r(=\mu)$；

等价于假设检验：$H_0 : \alpha_1 = \alpha_2 = \cdots = \alpha_r = 0$。

单因素试验方差分析的目的是通过试验数据来判断年龄因素即 A_i 不同水平是否对试验指标有影响。

若 H_0 成立，则 $X_{ij} = \mu + \varepsilon_{ij}, j = 1,2,\cdots,n_i, i = 1,2,\cdots,r$。

考察统计量总离差平方和 $SS_T = \sum_{i=1}^{r} \sum_{j=1}^{n_i} (X_{ij} - \overline{X})^2$，

经恒等变形，可分解为 $SS_T = SS_A + SS_E$。

其中，　$SS_A = \sum_{i=1}^{r} \sum_{j=1}^{n_i} (\overline{X_i} - \overline{X})^2 = \sum_{i=1}^{r} n_i (\alpha_i + \overline{\varepsilon_i} - \overline{\varepsilon})^2$。

如果 H_0 成立，则 SS_A（组间平方和）较小，反映的是个体平均值偏离总平均值的程度。

其中，　　　　$\overline{\varepsilon} = \frac{1}{n} \sum_{i=1}^{r} \sum_{j=1}^{n_i} \varepsilon_{ij}, \overline{\varepsilon_i} = \sum_{j=1}^{n_i} \varepsilon_{ij}$，

$$SS_E = \sum_{i=1}^{r} \sum_{j=1}^{n_i} (X_{ij} - \overline{X_i})^2 = \sum_{i=1}^{r} \sum_{j=1}^{n_i} (\varepsilon_{ij} - \overline{\varepsilon_i})^2，$$

反映的是重复试验中随机误差的大小。这里

$$\overline{\varepsilon} = \frac{1}{n} \sum_{i=1}^{r} \sum_{j=1}^{n_i} \varepsilon_{ij}, \overline{\varepsilon_i} = \sum_{j=1}^{n_i} \varepsilon_{ij}。$$

其中，$\overline{\varepsilon_i}$ 表示水平 A_i 的随机误差；$\overline{\varepsilon}$ 表示整个试验的随机误差。

单因素方差分析后两两比较平均值，如果每个组的数据都是 n，则 LSD 的标准误差为 $\sqrt{\frac{2MS_E}{n}}$，否则为 $\sqrt{MS_E \left(\frac{1}{n_i} + \frac{1}{n_j} \right)}$。

其中，MS_E 为误差；n 为 A 因素每一水平的数据数量。A 有 k 个水平，总数据有 N，则 $n = \frac{N}{K}$。

5.1.4 应用实例

汶川地震发生于 2008 年 5 月 12 日,震中位于中国四川省汶川县。此次地震是由印度板块与欧亚板块的碰撞引起的。长期以来,印度板块向北移动,与欧亚板块相互挤压,导致地壳的应力积累。2008 年,这种应力积累达到临界点,最终释放出巨大的能量,引发了这次地震。汶川地震的震级达到了里氏 8.0 级,是中国历史上最严重的地震之一。此次地震造成了巨大的人员伤亡和财产损失。据统计,该地震导致近 6.9 万人死亡,约 37.4 万人受伤,数百万人无家可归。汶川县是受地震影响最大的地区,几乎所有的建筑物都被摧毁或严重损坏。许多学校和医院也遭到了严重破坏,导致大量的学生和医务人员伤亡。面对这一巨大的灾难,中国政府迅速展开了大规模的救援和重建工作。全国范围内的救援队伍和物资被调动到灾区,国际社会也提供了大量援助。救援人员冒着艰难险阻,奋力搜救幸存者,提供医疗救治和生活物资。在接下来的几年里,中国政府投入了巨大的资源进行重建,包括修复受损的基础设施、重建房屋和提供灾后援助。这次地震也促使中国政府加强了地震监测和预警系统,并对应急响应机制进行了改进,以提高对地震的应对能力。

日本神户地震发生于 1995 年 1 月 17 日,震中位于日本兵库县神户市。该地震是由太平洋板块与欧亚板块的碰撞引起的。太平洋板块向西北方向运动,与欧亚板块相互挤压,导致地壳的应力积累。1995 年,这种应力积累达到临界点,最终释放出巨大的能量,引发了这次地震。神户地震的震级为里氏 7.3 级,是日本自“二战”以来最严重的地震之一。此次地震对神户市及周边地区造成了巨大的破坏。据统计,该地震导致超过 6400 人死亡,约 4.3 万人受伤,数十万人无家可归。神户市的许多建筑物倒塌,道路和桥梁也遭到了严重破坏,导致交通瘫痪和供应链中断。面对这一巨大的灾难,日本政府和国际社会迅速展开了救援和重建工作。大量的救援队伍和物资被调动到灾区,包括医疗队、搜救队和供应物资。救援人员在艰难的条件下进行搜救和救助工作,努力挽救生命。日本政府采取了一系列措施,包括提供紧急援助、修复基础设施和重建房屋,以帮助受灾地区恢复正常。这次地震也促使日本政府提高了地震建筑标准,并改进了城市规划,以提高抗震能力。

综上所述,汶川地震和神户地震都是具有重大影响的地震事件。虽然两次地震的震灾规模和地震背景有所不同,但它们都对当地社会和政府产生了深远的影响，并促使各国加强地震监测、应急响应和灾后重建等方面的工作，以提高对地震的应对能力。

单因素方差分析结果如表 5-2 所示，显著性差异分析结果（多重比较）如表 5-3 所示。

表 5-2　单因素方差分析结果

名称	类别	平方和	df	均方差	F	Sig.
神户地震	组间	91 415.238	6	15 235.873	16.199	.000
	组内	13 167.333	14	940.524		
	总体	104 582.571	20			
汶川地震	组间	39 382.476	6	6563.746	4.440	.000
	组内	20 698.667	14	1478.476		
	总体	60 081.143	20			

表 5-3　显著性差异分析结果（多重比较）

独立变量	（I）平均死亡人数	（J）年龄组	组别编号	平均差异（I-J）	标准差	显著性	95% 置信区间	
							下限	上限
神户地震	平均死亡人数（K0）	0~14 岁	K1	25.333	25.040	0.943	-60.17	110.84
		15~29 岁	K2	21.667	25.040	0.972	-63.84	107.17
		30~44 岁	K3	26.667	25.040	0.929	-58.84	112.17
		45~59 岁	K4	4.667	25.040	1.000	-80.84	90.17
		60~74 岁	K5	-46.333	25.040	0.539	-131.84	39.17
		≥75 岁	K6	-171.000*	25.040	0	-256.50	-85.50
汶川地震	平均死亡人数（W0）	0~14 岁	W1	14.333	31.395	0.655	-53.00	81.67
		15~29 岁	W2	-8.333	31.395	0.795	-75.67	59.00
		30~44 岁	W3	19.667	31.395	0.541	-47.67	87.00
		45~59 岁	W4	22.000	31.395	0.495	-45.34	89.34
		60~74 岁	W5	-32.000	31.395	0.325	-99.34	35.54
		≥75 岁	W6	-110.667*	31.395	0.003	-178.00	-43.33

注：* 表示在 0.05 水平上显著。

5.2 基于关键物资特征的调度优化模型

5.2.1 关键物资特征概述

重大突发事件的关键物资通常是指在突发事件发生时，至关重要且必不可少的物资。这些物资通常是指能够满足人们基本生存需要或灾后恢复重建所必需的物品。关键物资的特征通常包括必需性、供应脆弱性、紧急性、有限性、多样性。例如，在地震发生后，关键物资包括食品、饮用水、帐篷、医疗用品等。这些物资需要迅速运送到灾区，以满足灾民的基本需求。在流感大流行期间，关键物资包括口罩、消毒液、医用手套、防护服等。这些物资需要保证供应充足，以保护人们免受疾病传播的影响。

在相应的管理流程或策略上：①风险评估：对可能发生的突发事件进行风险评估，确定可能涉及的关键物资种类和数量。②供应链管理：建立健全的供应链管理体系，包括供应商选择、库存管理、运输渠道选择等，以保证关键物资的供应稳定性。③需求预测：通过历史数据分析和需求模型预测，提前预测关键物资的需求量，以便及时调配资源。④资源分配：制定有效的资源分配策略，根据需求和供应情况进行优先级排序，确保关键物资能够被及时分配到最需要的地方。⑤跨部门协作：建立跨部门的紧急响应机制，政府部门、救援机构、志愿者组织等共同协作，保障关键物资的供应和分配。

5.2.2 关键物资特征分析方法

5.2.2.1 ARIMA 模型

ARIMA 建模是一种成熟的技术，广泛应用于时间序列预测。该模型由 3 个参数定义：p 表示自回归项的阶数，d 代表为了使序列平稳所需的差分阶数，q 则是移动平均项的阶数。对于此模型类型，转换应对非平稳序列至少需要一个原始值，为了获得一个平稳的序列，使用了不同的阶数。ARIMA 过程的模型是自回归（AR）过程模型和移动平均（MA）过程模型的组合系列中的 ith 集成。通常，可以将自回归（AR）流程建模为

$$AR(p):Y_t = c + \phi_1 Y_{t-1} + \phi_2 Y_{t-2} + \cdots + \phi_p Y_{t-p} + \varepsilon_t。$$

其中，Y_t 是在时间点 t 的观测值；c 是常数项，表示序列的均值；ϕ_1，ϕ_2，$\cdots$，ϕ_p 是自回归系数，表示当前值与前 p 个时间点值的线性关系；ε_t

是误差项，通常假设为白噪声，即具有零均值和常数方差的随机误差。

当一个过程具有自回归（AR）和移动平均（MA）的特征时，可以构建自回归移动平均（ARMA）模型，以捕捉这些特征并进行有效的数据分析和预测，如下所示：

$$ARMA(p,q): Y_t = c + \phi_1 Y_{t-1} + \cdots + \phi_p Y_{t-p} + \varepsilon_t + \theta_1 \varepsilon_{t-1} + \cdots + \theta_q \varepsilon_{t-q}。$$

ARMA 模型结合了 AR 和 MA 模型的特点，同时考虑了当前值与过去值的自回归关系，以及当前值与过去误差项的移动平均关系。

当 $p=0$ 时，ARMA 模型退化为 MA 模型；当 $q=0$ 时，其退化为 AR 模型。

ARMA 模型适用于平稳时间序列的预测，但在处理具有趋势或季节性的非平稳数据时，可能需要差分操作以实现平稳化。ARIMA 模型通过应用差分和自回归（AR）与移动平均（MA）组件，提供了一种系统化的方法来建模和预测非平稳时间序列数据。

5.2.2.2　最小二乘法

最小二乘法（LSM）是一种在误差估计、不确定度、系统辨识及预测、预报等数据处理及诸多学科领域得到广泛应用的数学工具。近年来，作为确定给定时间序列趋势线位置的最广泛使用的方法，最小二乘法通常用于查找或估计参数以使函数适合一组数据并表征估计的统计属性。重复的测量值 y_i 可被视为（未知）数量 x 和测量误差 ε_j 之和：

$$y_j = x + \varepsilon_j。$$

最小二乘法（最小平方法）是一种数学优化技术，主要通过最小化误差的平方和来寻找数据的最佳函数匹配：

$$\sum_j \varepsilon_j^2 = \sum_j (x - y_i)^2 = min。$$

所谓最小方差性，是指估计量与用其他方法求得的估计量比较，其方差最小，即最佳。这一性质就是著名的高斯－马尔可夫（Gauss-Markov）定理。这个定理阐明了普通最小二乘估计量与用其他方法求得的任何线性无偏估计量相比，它是最佳的。由于这种方法具有良好优势和实际意义，因此本书应用此方法探索临时避难所中的居民人数与食品类物资供应之间的关系。由于 LSM 从技术上确定是最合适的趋势线，因此 LSM 用于在时间因子和给定变量之间建立数学关系。分析软件采用 Eviews 10.0。

5.2.3　应用实例

东日本大地震，也被称为 2011 年日本地震，是一次发生在 2011 年 3 月

11 日的巨大地震，震级为里氏 9.0 级，是日本历史上最强烈的地震之一。此次地震的震中位于日本本州东北部的太平洋海域，距离日本本土最近的城市是宫城县仙台市。地震引发了巨大的海啸，对日本东北地区造成了严重破坏。据统计，该地震导致超过 1.5 万人死亡，约 2.6 万人受伤，数十万人无家可归。福岛核电站事故也是这次地震引发的后果之一，导致核泄漏并造成了广泛的污染。东日本大地震的影响范围广泛，主要集中在日本东北地区，包括宫城、岩手和福岛等县。这些地区的城市、镇村、港口和农田都遭受了严重破坏。海啸横扫了沿海地区，摧毁了许多建筑物，造成了大量人员伤亡和财产损失。此外，地震还引发了火灾、土地液化和道路损毁等次生灾害。

东日本大地震对日本社会和政府产生了深远的影响。这次地震揭示了日本在应对大规模自然灾害方面的薄弱之处，包括海啸预警系统、核电站安全和灾后重建等方面。日本政府在此后加强了地震预警系统，并对核电站的安全措施进行了改进。此外，日本还加强了对海啸的监测和预警，以提高对海啸的应对能力。面对这一灾难，日本政府和国际社会展开了大规模的救援和重建工作，并从中吸取了教训，提高了地震预警系统和灾后重建能力。震后，宫城县仙台市大规模停电，市内多处发生燃气泄漏，由于这场灾难的破坏规模之大，仙台市被选为此次应急响应的代表性案例进行研究。

此次数据主要来源于作者在日本仙台市经济贸易产业局收集的部分食品类应急物资真实供应数据。为有效分析不同类型物资，将灾后供应的 14 种食品分为 3 类——米饭面条类食品、面包类食品及其他类食品（图 5-1 至图 5-3）。图 5-4 显示了 2011 年 3 月 16—29 日临时避难所数量和避难所灾民数量。除对食品类应急物资进行定量需求预测外，还对临时避难所人数与食品供应量之间的关系进行了深度挖掘，以更好地分析关键物资种类及特征。

在紧急应急响应中，准确预测受灾点所需的动态时间序列模式必不可少。时间序列方法，自回归整合移动平均模型（ARIMA）、简单指数平滑（SES）模型及霍尔特－温特斯指数平滑模型（HWES）是几种广泛应用于基于历史数据预测未来趋势的统计模型。这些模型作为有效的非解释性预测工具，各自采用独特的算法来分析和预测时间序列数据的潜在模式。时间序列构建相对简单，所需信息较少，表明应用时间序列进行应急物资预测的合理性。

高性能的时间序列模型将有助于决策，以便使早期响应更加有效和更好

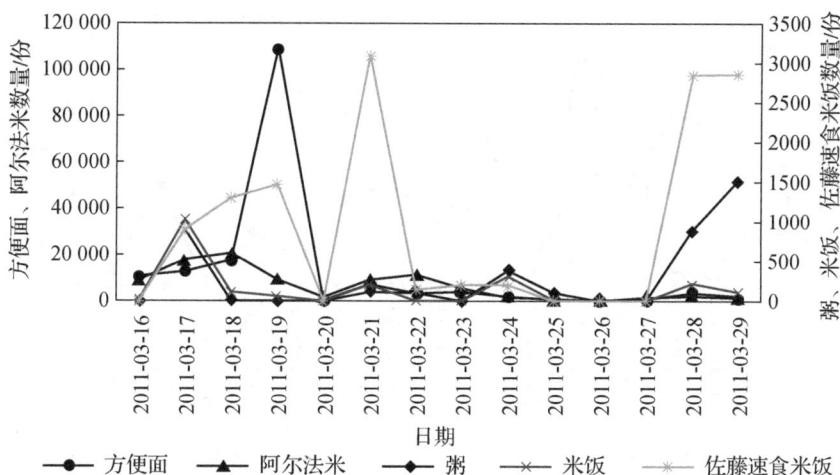

图 5-1　米饭面条类食品供应趋势

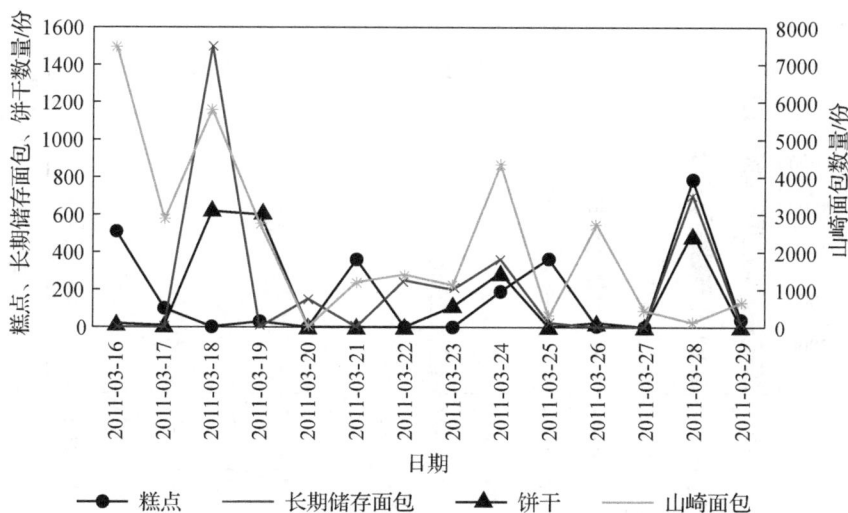

图 5-2　面包类食品供应趋势

协调。本书应用该方法对 14 种食品应急物资供应时间序列百分比进行初步定性探索。图 5-5 展示了不同食品的相对排名情况，该排名基于救援物资中每种食品按日实际消耗量所占的百分比计算得出。这表明各种食品在救援物资中的重要性和分配比例。相对排名从 1 到 6，相应地，请求优先级从高

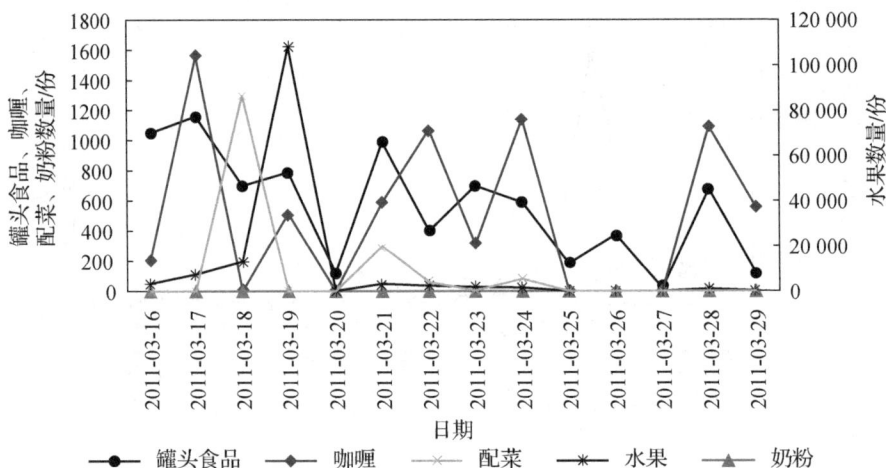

图5-3 其他类食品供应趋势

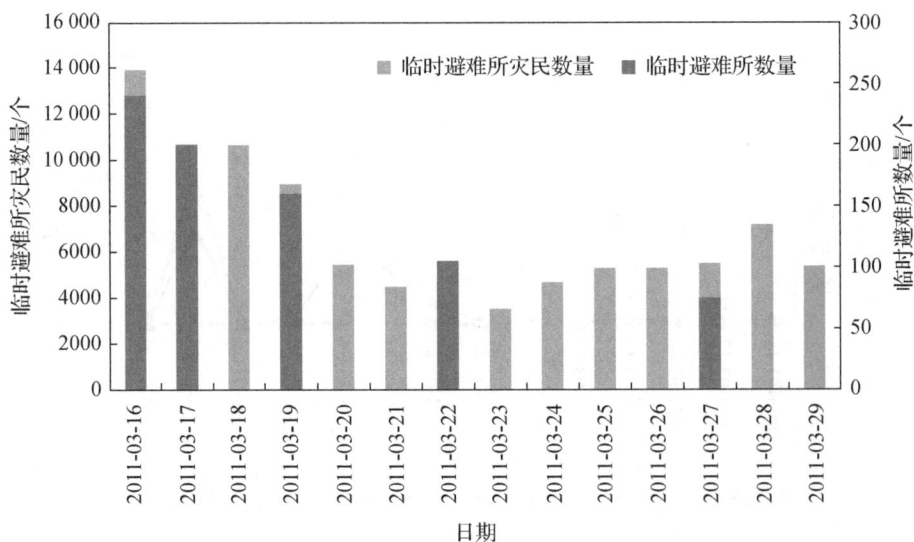

图5-4 临时避难所数量和避难所灾民数量

到低。由图5-5可知，尽管食品供应变化趋势相似，但它们各自的请求优先级完全不一致。

以阿尔法米为例，对仙台市14种食品类应急物资进行 ARIMA 模型构

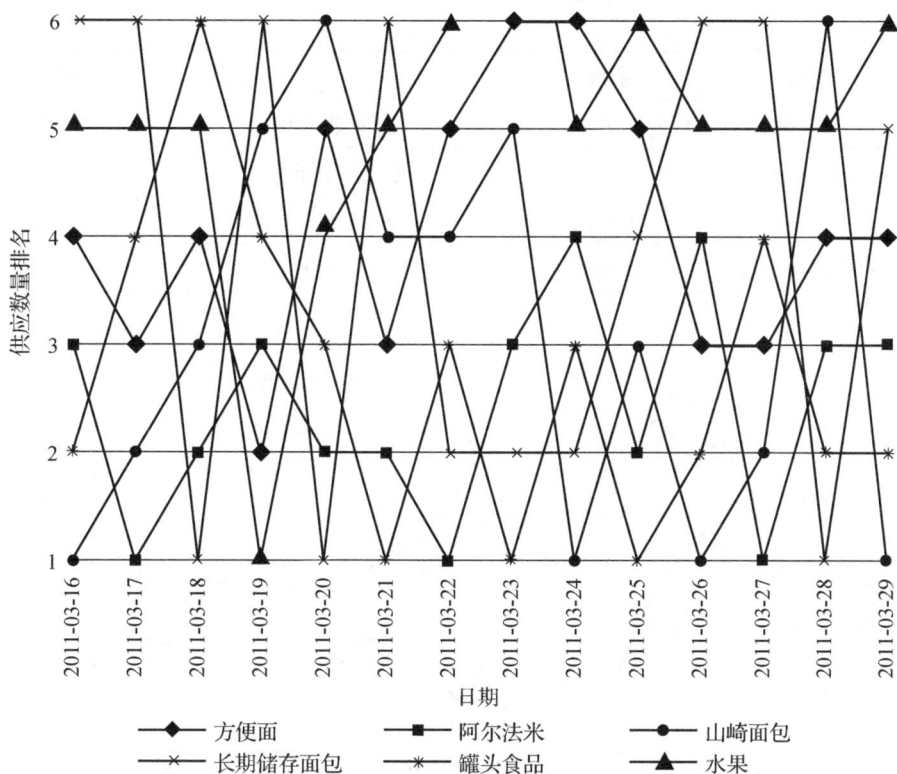

图 5-5　14 天期间主要食品物资供应数量及时间分布

建。如表 5-4 所示，R 方值显示大约 75.9% 的方差可以是用 ARIMA 模型解释。F 检验概率值 $=0.007<0.01$，表明模型拟合在显著性水平为 10% 时是足够的（$P<0.01$）。图 5-6 为阿尔法米的 ARIMA 模型预测值与实际值的拟合曲线。

表 5-4　阿尔法米的梯度乘积（OPG）计算系数协方差

变量	系数	标准差	T 检验	概率
C	6968.511	7320.139	0.952	0.366
AR（1）	1.184	0.205	5.763	0
AR（2）	−1.009	0.229	−4.401	0.002
AR（3）	0.710	0.242	2.931	0.017
$SIGMASQ$	9 831 953	4 665 112	2.108	0.064

续表

变量	系数	标准差	T 检验	概率
R 方值	0.759	因变量均值		6515.643
回归标准差	3910.773	赤池信息准则		19.870
F 检验	7.075	施瓦兹准则		20.098
F 检验概率值	0.007	杜宾 – 瓦森检验法		1.476

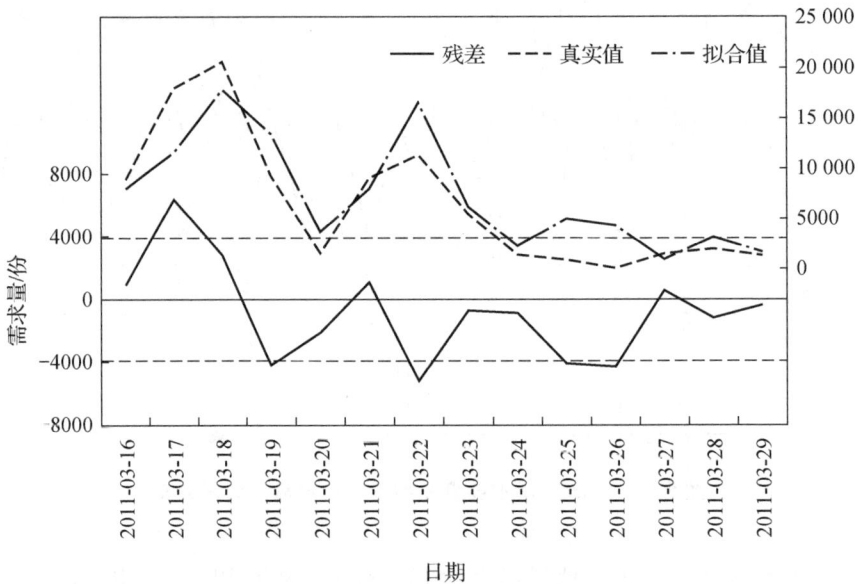

图 5-6　阿尔法米的 ARIMA 模型预测值与实际值的拟合曲线

表 5-5 显示了用 ARIMA 模型估算的 12 种食品供应及不同的统计数据结构。除了没有找到饼干和奶粉的使用模型，大多数模型具有相同的 AR 结构，尽管具有不同的参数和不同的顺序模式。

表 5-5　方差分析（ANOVA）

序号	食品物资	ARIMA 模型	类型	系数	T 检验	显著性
1	方便面	(2, 2, 0)	AR (1)	-1.034	-3.594	0.007
			AR (2)	-0.552	-1.970	0.084

序号	食品物资	ARIMA 模型	参数			
			类型	系数	T 检验	显著性
2	米饭	(3，1，0)	AR（1）	−1.008	−2.734	0.026
			AR（2）	−0.844	−2.062	0.073
			AR（3）	−0.589	−2.146	0.064
3	阿尔法米	(3，2，0)	AR（1）	1.184	5.763	0.000
			AR（2）	−1.009	−0.402	0.002
			AR（3）	0.710	2.931	0.017
4	粥	(1，2，0)	AR（1）	−0.778	−4.027	0.003
5	佐藤速食米饭	(1，2，0)	AR（1）	−0.729	−3.046	0.014
6	山崎面包	(1，1，0)	AR（1）	−0.672	−3.005	0.013
7	长期储存面包	(3，1，0)	AR（1）	−0.926	−2.668	0.028
			AR（2）	−0.836	−2.251	0.055
			AR（3）	−0.681	−2.797	0.023
8	糕点	(2，2，0)	AR（1）	−0.988	−2.783	0.024
			AR（2）	−0.758	−1.919	0.091
9	罐头食品	(1，1，0)	AR（1）	−0.779	−3.810	0.003
10	咖喱	(1，1，0)	AR（1）	−0.711	−3.304	0.008
11	配菜	(2，1，0)	AR（1）	−0.920	−4.817	0.001
			AR（2）	−0.870	−7.246	0.000
12	水果	(3，1，0)	AR（1）	−0.802	−2.586	0.032
			AR（2）	−0.665	−1.935	0.089
			AR（3）	−0.566	−2.114	0.067

如上所述，本书应用 LSM（NLS 和 ARMA）挖掘避难所灾民数量与各种食品物资之间的相关性。表 5-6 显示，各组别均存在一种食品物资与避难所灾民数量的变化显著相关，分别是阿尔法米、山崎面包和罐头食品。进

一步通过 T 检验进行分析，如表 5-7 至表 5-9 所示，对于阿尔法米、山崎面包和罐头食品，R 方值表示模型分别可以解释 27%、28% 和 57% 的方差变化，表明可能还存在其他当前模型中未包含的预测变量（解释性变量）。对于阿尔法米，F 值 4.46 > 3.285，表明模型拟合良好（自由度为 12）；对于山崎面包，F 值 4.622 > 3.285，显著性水平为 0.01（$P < 0.01$），表明模型拟合良好（自由度为 12）；在罐头食品中，F 值 15.925 > 10.044，显著性水平为 0.01（$P < 0.01$），表明模型拟合良好。

表 5-6　相关性系数结果

	类别		食品物资	系数	标准差	T 检验	概率
避难所灾民数量	I 米饭面条类	1	方便面	3.4100	2.6454	1.2891	0.2217
		2	米饭	-0.0045	0.1189	-0.0375	0.9707
		3	阿尔法米	1.2037	0.5599	2.1498	0.0527*
		4	粥	-0.0094	0.0473	-0.1997	0.8450
		5	佐藤速食米饭	-0.0045	0.1189	-0.0375	0.9707
	II 面包类	6	山崎面包	0.5945	0.1490	3.9906	0.0018**
		7	长期储存面包	0.0367	0.0402	0.9142	0.3786
		8	饼干	0.0292	0.0225	1.3004	0.2179
		9	糕点	0.0252	0.0233	1.0790	0.3018
	III 其他类	10	罐头食品	0.0662	0.0313	2.1114	0.0564*
		11	咖喱	-0.0141	0.0512	-0.2751	0.7879
		12	配菜	0.0376	0.0329	1.1431	0.2753
		13	奶粉	0.0019	0.0019	1.0030	0.3357
		14	水果	2.8515	2.7086	1.0528	0.3132

注：根据 Duncan 测试进行多次比较，其中 * 和 ** 表示显著性水平分别为 0.1 和 0。

表 5-7　阿尔法米统计结果

变量	系数	标准差	T 检验	概率
C	117.6720	228.1217	0.515830	0.6153
X	0.066177	0.031342	2.111412	0.0564
R 方值	0.270874	因变量均值		562.3571

续表

变量	系数	标准差	T 检验	概率
调整 R 方值	0.210 113	赤池信息准则		369.0127
回归标准差	327.9621	施瓦兹准则		14.5524
对数似然	−99.886 66	杜宾−瓦森检验法		14.646 53
F 检验	4.458 061	因变量均值		14.546 79
F 检验概率值	0.056 390	赤池信息准则		2.351 963

表 5-8　山崎面包统计结果

变量	系数	标准差	T 检验	概率
C	−1572.489	4075.014	−0.385 886	0.7063
X	1.203 655	0.559 881	2.149 840	0.0527
R 方值	0.278 057	因变量均值		6515.643
调整 R 方值	0.217 895	赤池信息准则		6624.509
回归标准差	5858.497	施瓦兹准则		20.320 74
对数似然	−140.2452	杜宾−瓦森检验法		20.412 03
F 检验	4.621 810	因变量均值		20.312 29
F 检验概率值	0.052 658	赤池信息准则		1.144 110

表 5-9　罐头食品统计结果

变量	系数	标准差	T 检验	概率
C	−1766.724	1084.228	−1.629 476	0.1292
X	0.594 463	0.148 966	3.990 593	0.0018
R 方值	0.570 275	因变量均值		2227.857
调整 R 方值	0.534 465	赤池信息准则		2284.554
回归标准差	1558.755	施瓦兹准则		17.672 73
对数似然	−121.7091	杜宾−瓦森检验法		17.764 02
F 检验	15.924 83	因变量均值		17.664 28
F 检验概率值	0.017 92	赤池信息准则		2.094 655

5.3 本章小结

　　本章着眼于定量与定性相结合，通过剖析应急物资需求预测结果与目前应急响应体制的现实偏差，主要针对重大突发事件中受灾民众的特性和应急物资的关键特征进行挖掘。其中，5.1 节以中国汶川地震和日本神户地震的真实数据为基础，对年龄结构的灾民特性模型进行构建，应用 SPSS 多重比较分析方法得出不同年龄结构与死亡人数的关系，为第 6 章非决策性灾情信息模型构建的研究提供理论基础；5.2 节基于时间序列构建 ARIMA 模型，分析了 2011 年东日本大地震仙台市 3 月 16—29 日供应的 14 种主要食品物资数据，通过深入挖掘关键应急物资信息，进行精准化需求厘定，从"情景 – 应对"的分析视角，定量化分析关键应急物资与应急响应之间的关系，拓展了情景分析和仿真技术在应急管理领域中的应用研究，可以为研究公共安全和危机管理水平的正向促进提供新思路，对实现构建快速、高效的应急管理体系有重要的决策意义。

第6章 基于多目标规划的
应急物资调度优化模型

在应急响应初期，灾情信息有限，需要在有限信息的情况下兼顾调度时间、救援能力和调度成本等因素。应急物资管理优化决策者通常以调度时间或救援时间最短为目标函数，希望最小化应急成本或应急时间，同时最大化救援能力。然而，在应急响应中后期，伤亡人数和救援情况趋于稳定，可以根据以往的调度效率利用已有工作记录来预测效率矩阵，得到最佳调度方案，从而能够在控制调度成本和时间的基础上综合考虑不同运输工具的工作效率，使应急决策更为科学和合理。然而，在实际应急决策过程中，灾情数据的不确定性对应急物资需求和调度优化产生了影响。灾情信息的缺失、不完备和模糊等特性使得应急物资调度面临不确定性。例如，受损道路风险情况的实时信息对应急物资的直接调度起着至关重要的作用，指挥和决策不当甚至可能引发二次伤害，造成更严重的损失。因此，在实际应急决策过程中，如何利用有限的灾情数据获取关联和规则是关键的研究问题。

本章从"多目标规划"的数学分析、优化决策思想和数据挖掘相关算法方面，分别对确定性灾情信息和非确定性灾情信息条件下进行应急物资调度模型构建和研究。为系统地对应急动员管理体系进行研究，承接第4章的应急物资需求预测模型，并更好地引领第6章的应急物资调度模型构建，本章具体的结构如下：6.1节通过决策单元指标体系的建立，对数据包络分析模型和算法进行改进后，构建以时间、成本、距离、道路风险为输入单元，以救援能力为输出单元的多目标规划应急物资调度优化模型；6.2节基于公平约束，以救援能力、受灾点损失和偏离公平度为目标构建了考虑应急物资特性系数的多目标调度优化决策模型，并通过多目标演化优化算法对应用算例进行求解；6.3节给出全章小结。

6.1 基于改进的数据包络分析的单 OD 调度优化模型

重大突发事件应急物资调度优化是指在面对突发事件时，合理安排和调度应急物资的供应和分配，以满足灾区人民的基本需求和救援工作的需要。由于突发事件的复杂性和不确定性，以及应急物资的有限性，调度优化成为提高救援效率和减少损失的重要手段之一。

在进行重大突发事件应急物资调度优化时，需要考虑多个目标进行优化的原因有以下几点。

①救援效率。重大突发事件发生后，时间是非常宝贵的。调度优化可以帮助提高救援效率，尽快将应急物资送达灾区，满足灾区人民的基本需求。通过合理的调度安排，可以减少物资运输的时间和距离，提高物资的投送速度，从而最大限度地减少灾害造成的损失。

②资源利用率。应急物资通常是有限的，因此需要合理利用有限的资源。调度优化可以帮助确定最佳的物资分配方案，使得每个灾区都能够得到适量的物资支持，避免资源的浪费和不均衡分配。考虑多目标进行优化，可以在满足基本需求的前提下，尽量平衡各个灾区的物资供应，提高资源的利用率。

③救援质量。重大突发事件救援工作的质量直接关系到灾区人民的生命安全和财产损失。调度优化可以帮助提高救援质量，确保应急物资能够准确、及时地送达灾区。通过合理的调度安排，可以避免物资的滞留和堆积，减少救援过程中的混乱和错误，提升救援工作的效果和效率。

④成本控制。重大突发事件救援工作需要耗费大量的物资和人力资源，因此成本控制是一个重要的考虑因素。调度优化可以帮助降低救援成本，通过合理的物资分配和运输路径规划，减少物资运输的距离和时间，降低物资运输和人力调度的成本，提高资源利用效率。

重大突发事件应急物资调度优化需要考虑多目标进行优化的原因主要包括提高救援效率、合理利用资源、提高救援质量和控制成本。综合考虑这些目标，可以制定出最佳的物资调度方案，提升救援工作的效果和效率，最大限度地减少灾害造成的损失。

数据包络分析（Data Envelopment Analysis，DEA）是一种非参数的效率评价方法，用于评估各个决策单元的相对效率。它通过比较各个决策单元的输入和输出指标之间的关系，确定每个决策单元的效率水平，并找出相对高效的决策单元作为最佳实践的参考。该模型的优势在于其非参数性、相对效率评价和多指标评价的特点。它不需要对决策单元的效率分布进行假设，适用于各种类型的数据。比较各个决策单元的效率得分，可以确定相对高效的决策单元，提供有关决策单元之间的相对优劣关系。同时，该模型可以同时考虑多个输入和输出指标，综合评价决策单元的效率，避免了单一指标评价的局限性。DEA 模型虽然具有许多优势，但也存在一些劣势[56-57]：

①敏感性。DEA 模型对输入和输出指标的选择非常敏感。不同的指标选择可能导致不同的效率评价结果，因此在应用模型时需要谨慎选择指标。

②尺度效应。DEA 模型在评价不同规模的决策单元时存在尺度效应问题。较大规模的决策单元往往具有较高的效率得分，这可能导致对小规模决策单元的评价不准确。

③线性假设。DEA 模型基于线性规划的原理，假设输入和输出指标之间存在线性关系。然而，在实际情况中，这种线性假设可能不符合实际情况，导致评价结果的偏差。

④数据质量要求高。DEA 模型对输入和输出指标的数据要求较高，需要准确、完整和可靠的数据。如果数据存在误差或缺失，可能会影响模型的评价结果。

DEA 模型具有非参数性、相对效率评价和多指标评价的优势，在应急物资管理中可以用于评估效率、优化资源配置和提供决策支持，从而提高物资管理的效率和应对突发事件的能力。在应急物资管理研究中，研究人员利用 DEA 模型进行效率评估、资源配置和决策支持等方面的研究。例如，研究人员可以利用该模型评估各个物资管理单位的效率水平，找出相对高效的单位作为最佳实践的参考，从而提出改进措施，提高物资管理的效率。此外，DEA 模型还可以帮助确定最佳的物资分配方案，合理分配物资资源，提高资源利用效率。同时，该模型还可以为应急物资管理提供决策支持，帮助制定合理的物资调度策略和应急预案。

本章根据物资运输时间、距离和成本指标给出了一种定量的解决方案，对 DEA 模型和算法进行了改进，构造了效率最高和效率最低两个决策单元，强化了权重约束，规范了投入产出指标的客观权重取值，扩大了效率值的取值范围，增强了对决策单元的区分可比性，避免了人为因素对决策的影响。为解决上述问题，本章基于我国甘肃省定西市岷县、漳县交界地震案例，对比了 DEA 模型和改进的 DEA 模型评估结果，验证了改进的 DEA 模型的合理性，从而克服评价过程中主观因素的影响，为国家或地方应急预案和应急处理提供一种简易可行的决策支持方法。

6.1.1　指标体系的构建

应急物资调度优化方案 $i(i = 1,2,\cdots,n)$ 的评价指标分为两类，其中，x_{ti}、x_{ci} 和 x_{di} 为负向指标，越小越好，可作为 DEA 模型的投入指标，同时可作为改进 DEA 模型的输入指标。具体的指标描述如下。

（1）输入指标。本书依据科学性、典型性、完备性、目的性、可测性和一致性原则确立应急物资调度指标集——第 i 物资调度的运输时间指标 x_{ti}、运输成本指标 x_{ci}、运输距离指标 x_{di}、物资成本指标 x_{mi} 及道路风险指标 x_{ri}。

（2）输出指标。应急物资调度输出指标的选取尤为重要，因为它直接影响应急物资调度优化方案的选取，只有合理地选择应急物资调度输出指标，测度结果才能为未来的应急救援提供参考依据。根据优化方案输入指标效用的直观性及与其的紧密性，有针对性和目的性地选取优化方案输出指标，选取的输出指标一定是衡量应急物资救援作用最为重要的要素。选取各优化方案的总救援能力 y_{mi} 作为输出指标，y_{mi} 为正向指标，DEA 模型中的该指标越大越好。

6.1.2　问题描述与假设

地震灾害发生后，中华人民共和国应急管理部迅速召集专业应急响应机构，共同研讨并制定一套优化的应急物资调度方案。下面给定某应急区域 n 类应急物资的调度优化输入和输出指标数据。

如图 6-1 所示，O 为应急物资分配点，即调度车辆出救点，D 为受灾点，即物资需求点，$N_i(i = 1,2,3,4,5,\cdots)$ 为网络节点，现需对给定的决策单元进行评估，根据构建的指标体系提出以下假设。

假设 1：为了计算方便，假设给定的数据均从同一物资配送点出救，调度不同种类应急物资对同一受灾点进行施救，即单 OD 调度优化模式。

假设 2：各站点无车辆运输能力约束，假设在某一救援时段内，只考虑一种类型的调度车辆且不考虑车辆数量限制。

假设 3：各受灾点间不共享应急物资并且不进行物资交换，即相互独

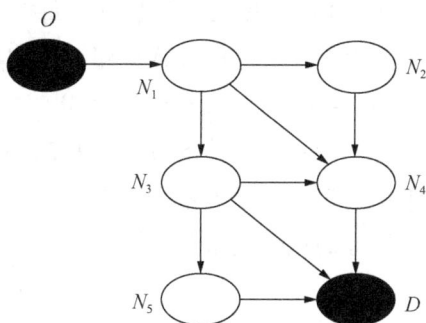

图 6-1　应急物资调度网络体系

立，不存在应急物资的内部转运。

6.1.3　模型数学表达与算法

6.1.3.1　传统的数据包络分析模型

传统的 DEA 模型是由运筹学家 Charnes、Cooper、Rhodes 于 1978 年提出的一种多指标绩效评估方法[58]。该方法以相对效率概念为基础，用于评估各种决策单元的相对效率和效率提升潜力。数据包络分析是一种非参数的方法，它不需要对决策单元的生产函数或效用函数进行假设，而是通过比较各个决策单元之间的相对绩效来评估它们的效率。这使得 DEA 模型在评估多个决策单元的绩效时非常有用，尤其是当这些决策单元之间存在复杂的差异或异质性时。DEA 模型的基本思想是将决策单元的输入和输出指标转化为一个线性规划问题，以确定每个决策单元的相对效率得分。在 DEA 模型中，每个决策单元都被视为一个生产者，它将一组输入转化为一组输出。输入指标可以是资源、资金或其他生产要素，输出指标可以是产品、服务或其他绩效指标[59]。

DEA 模型在运筹学和管理科学领域得到了广泛的应用。它可以用于评估各种组织和个体的绩效，如企业、医院、学校、政府机构等。此外，DEA 模型还可以用于比较不同行业、不同地区或不同时间点的绩效差异，以及评估政策和管理措施的效果[60]。DEA 模型的提出和发展为绩效评估和决策支持提供了一种强大的工具。它不仅可以帮助决策者识别和改进低效率的决策单元，还可以为资源配置和决策制定提供有价值的信息[61]。

假设有 n 个决策单元，即 n 个 DMU。n 个 DMU 投入矩阵为 X、产出矩

阵为 $\boldsymbol{Y}$，它们代表了 n 个 DMU 的投入产出数据。每个决策单元有 k 种输入和 m 种输出。设第 i 个决策单元对应的输入向量、输出向量分别为

$$\boldsymbol{X}_i = (x_{1i}, x_{2i}, \cdots, x_{ki})^T > 0,$$

$$\boldsymbol{Y}_i = (y_{1i}, y_{2i}, \cdots, y_{mi})^T > 0, i = 1, 2, \cdots, n_\circ \qquad (6-1)$$

x_{ki} 表示第 i 个决策单元第 k 项投入量，y_{mi} 表示第 i 个决策单元第 m 项产出量。输入指标、输出指标的权重向量分别为

$$\boldsymbol{v} = (v_1, v_2, \cdots, v_k)^T, \boldsymbol{u} = (u_1, u_2, \cdots, u_m)^T_\circ \qquad (6-2)$$

求解最优 $\boldsymbol{v}$ 和 $\boldsymbol{u}$ 就是解决线性规划，则决策单元 DMU_i 的相对效率评价模型为

$$\begin{cases} \max\left(\dfrac{\boldsymbol{u}^T\boldsymbol{Y}_i}{\boldsymbol{v}^T\boldsymbol{X}_i}\right) \\ s.\,t. \qquad \dfrac{\boldsymbol{u}^T\boldsymbol{Y}_j}{\boldsymbol{v}^T\boldsymbol{X}_j} \leqslant 1, j = 1, 2, \cdots, n_\circ \\ \boldsymbol{u} \geqslant 0, \boldsymbol{v} \geqslant 0 \end{cases} \qquad (6-3)$$

设定决策单元的效率值均小于等于1，这是一个分式规划，此时，$\boldsymbol{v}$ 和 $\boldsymbol{u}$ 有无限解。约束 $\boldsymbol{v}^T\boldsymbol{X}_j = 1$，此时可以求得有效解，转化为等价的线性规划乘数形式模型：

$$\begin{cases} \max\mu'Y_j \\ s.\,t. \qquad \dfrac{\boldsymbol{u}'\boldsymbol{Y}_j}{\boldsymbol{v}'\boldsymbol{X}_j} \leqslant 1, j = 1, 2, \cdots, n_\circ \\ \boldsymbol{v}'\boldsymbol{X}_j = 1 \\ \boldsymbol{u} \geqslant 0, \boldsymbol{v} \geqslant 0 \end{cases} \qquad (6-4)$$

使用 Charnes-Cooper 变换，把它化成一个等价的线性规划二元形式模型，即得到数据包络分析方法中最基本的 C2R 模型：

$$\begin{cases} \min(\theta) \\ s.\,t. \qquad -\boldsymbol{Y}_i + \boldsymbol{Y}\lambda \geqslant 0 \\ \theta\boldsymbol{X}_i - \boldsymbol{X}\lambda \geqslant 0 \\ \lambda \geqslant 0 \end{cases} \qquad (6-5)$$

其中，θ 是标量，代表第 i 个 DMU 的效率分数，且 $0 \leqslant \theta \leqslant 1$，当 $\theta = 1$ 时，代表前沿效率上的点。λ 是常数矢量。线性规划的二元形式比乘数形式少了很多的约束，且约束条件较为宽泛，为投入产出指标权重分配不均埋下

了隐患。

6.1.3.2　改进的数据包络分析模型

针对上述 DEA 模型对投入产出向量权重约束较为宽泛问题，本书对 DEA 模型进行了改进。

首先，构造了效率最高和效率最低两个决策单元；其次，通过计算效率最高决策单元效率值 $\theta = 1$，确定了多组投入产出指标权重向量；最后，在众多组投入产出指标权重向量中选出一组投入产出指标权重向量，使其效率最低决策单元的效率值 $\theta \to 0$，即 θ 值最小。此时，这组投入产出指标权重向量便是改进 DEA 模型所确定的投入产出指标权重向量。

模型改进的具体步骤如下：

Step 1　构造效率最高和效率最低决策单元。

构造效率最高和效率最低两个决策单元 DMU_{n+1} 和 DMU_{n+2}，效率最高决策单元 DMU_{n+1} 的投入指标和产出指标分别为

$$X_{n+1} = (x_{1,n+1}, x_{2,n+1}, \cdots, x_{i,n+1} \cdots, x_{k,n+1})^T,$$
$$Y_{n+1} = (y_{1,n+1}, y_{2,n+1}, \cdots, y_{i,n+1} \cdots, y_{m,n+1})^T。$$

效率最高决策单元 DMU_{n+1} 投入指标和产出指标分别取前 n 个 DMU 的投入指标的最小值和产出指标的最大值，即

$$x_{i,n+1} = \min(x_{i,1}, x_{i,2}, \cdots, x_{k,n}), \ y_{i,n+1} = \max(y_{i,1}, y_{i,2}, \cdots, y_{k,n})。$$

效率最低决策单元 DMU_{n+2} 的投入指标和产出指标分别为

$$X_{n+2} = (x_{1,n+2}, x_{2,n+2}, \cdots, x_{i,n+2} \cdots, x_{k,n+2})^T,$$
$$Y_{n+2} = (y_{1,n+2}, y_{2,n+2}, \cdots, y_{i,n+2} \cdots, y_{m,n+2})^T。$$

效率最低决策单元 DMU_{n+2} 投入指标和产出指标分别取前 n 个 DMU 的投入指标的最大值和产出指标的最小值，即

$$x_{i,n+2} = \max(x_{i,1}, x_{i,2}, \cdots, x_{k,n}), \ y_{i,n+2} = \min(y_{i,1}, y_{i,2}, \cdots, y_{k,n})。$$

Step 2　确定投入产出指标多组权重向量。

对原有 n 个决策单元和效率最高决策单元进行数据包络分析模型评价，因 DMU_{n+1} 是最优决策单元，故当 $i = n+1$ 时，$\theta = 1$。得到多组最优权重向量 u^{*T} 和 v^{*T}，满足 $\dfrac{u^{*\prime} y_j}{v^{*\prime} x_j} = 1$：

$$\begin{cases} \min_{n+1}(\theta) = 1 \\ s.t. \quad -y_i + Y\lambda \geqslant 0, i = 1,2,\cdots,n+1 \\ \theta x_i - X\lambda \geqslant 0 \\ \dfrac{\boldsymbol{u}^{*}{}'y_i}{\boldsymbol{v}^{*}{}'x_i} = 1 \\ \lambda \geqslant 0 \end{cases} \qquad (6\text{-}6)$$

Step 3 求解投入产出指标公共权重向量。

对第 $n+2$ 个 DMU_{n+2}，有

$$\begin{cases} \min_{n+2}(\theta) \to 0 \\ s.t. \quad -y_i + Y\lambda \geqslant 0, i = 1,2,\cdots,n+2 \\ \theta x_i - X\lambda \geqslant 0 \\ \dfrac{\boldsymbol{u}^{*}{}'y_j}{\boldsymbol{v}^{*}{}'x_j} = 1 \\ (\boldsymbol{u}^{*}{}'', \boldsymbol{v}^{*}{}'') \in (\boldsymbol{u}^{*}{}', \boldsymbol{v}^{*}{}') \\ \lambda \geqslant 0 \end{cases} \qquad (6\text{-}7)$$

在式（6-7）中找到唯一的一组权重向量 $(\boldsymbol{u}^{*}{}'', \boldsymbol{v}^{*}{}'') \in (\boldsymbol{u}^{*}{}', \boldsymbol{v}^{*}{}')$，使 $\boldsymbol{u}^{*}{}''$ 和 $\boldsymbol{v}^{*}{}''$ 在决策单元 DMU_i 的效率评估中，当 $i = n+2$ 时，$\theta \to 0$。这时，$\boldsymbol{u}^{*}{}''$ 和 $\boldsymbol{v}^{*}{}''$ 便是改进数据包络分析模型的公共解向量，根据式（6-8）中求解的权重向量 $\boldsymbol{u}^{*}{}''$ 和 $\boldsymbol{v}^{*}{}''$，对 n 个决策单元进行效率评价。根据上述改进数据包络分析方法对 n 个路径优化方案进行效率评价：

$$\begin{cases} \min(\theta) \\ s.t. \quad -y_i + Y\lambda \geqslant 0, i = 1,2,\cdots,n \\ \theta x_i - X\lambda \geqslant 0 \\ \dfrac{\boldsymbol{u}^{*}{}'y_j}{\boldsymbol{v}^{*}{}'x_j} = 1 \\ (\boldsymbol{u}^{*}{}'', \boldsymbol{v}^{*}{}'') \in (\boldsymbol{u}^{*}{}', \boldsymbol{v}^{*}{}') \\ \lambda \geqslant 0 \end{cases} \qquad (6\text{-}8)$$

本节对数据包络分析模型进行了改进，扩大了效率值的取值范围，避免了人为因素对决策的影响。基于我国甘肃省定西市岷县、漳县交界地震案例，本书给出了一个改进的数据包络分析方法，可解决全排序问题，这种方法分为两个阶段。

（1）确定路径优化方案选择的层次结构

对于评价路径优化方案各种指标，我们以救援总时间、运输总成本、路径总距离这 3 个方面作为主要参考指标来确定应急物流路径优化方案选择的层次结构。

（2）用改进的数据包络分析方法对决策单元进行效率评价

本节运用改进的数学模型和算法对不同决策单元，即不同物资调度优化方案进行效率结果计算和排序，模型中增加虚拟决策单元，规范了投入和产出指标的权重值，对传统数据包络分析方法无法进行排序的决策单元效率值进行有效排序。

6.1.3.3　改进的算法

本节对求解 DEA 有效性算法进行了改进，具体的新算法改进步骤如下：

Step 1　构造效率最高和效率最低的虚拟决策单元。

Step 2　令 $k = 1, n = n_1, Poset = \{1, 2, \cdots, n + 2\}$。

Step 3　如果存在 $i \in Poset$，使得 $(-x_i, y_i) \geqslant (-x_j, y_j)$，$(x_i, y_i) \neq (x_j, y_j)$，则 $Poset = Poset \setminus \{k\}$，$k = k + 1$，$n_1 = n_1 - 1$；否则 $k = k + 1$。

Step 4　如果 $k > n + 2$，则令 $k = 1$，转入 Step5；否则转到 Step3。

Step 5　将 $(x_j, y_j)^T, j \in Poset$ 的值赋给矩阵 $\boldsymbol{B}_{(m+s) \times n_1}$。

Step 6　写出决策单元 n 对应的线性规划进行求解，并求得 θ^*。

Step 7　应用新的方法对线性规划进行求解。

Step 8　写出决策单元 n 对应的线性规划的系数和常数。

Step 9　应用新的方法对线性规划进行求解，求得 $\lambda^0, s^{-0}, s^{+0}, \theta^*$，令 $k = k + 1$，若 $k > n + 2$，则停止运算；否则，返回 Step6。

6.1.4　算例分析

2013 年 7 月 22 日 7 时 45 分在甘肃省定西市岷县、漳县交界（北纬 34.5 度，东经 104.2 度）发生 6.6 级地震，震源深度约 20 千米，震中烈度为 8 度。截至 7 月 22 日 20 时统计，此次灾害共造成定西、陇南、天水、白银、临夏、甘南等 6 市（州）的 22 个县（区）、204 个乡（镇）12.3 万人受灾；因灾死亡 89 人，失踪 5 人，在地震发生中后期阶段，救济物资需要从出救点运输到受灾点。

图 6-2 和图 6-3 为 DEA 模型改进前后震灾初期、中期和后期的应急物资决策单元排序，由图 6-2 可以看出，各类应急物资决策单元排序不明显，

很多应急物资决策单元效率相同，而图 6-3 则可以明显区分应急物资决策
单元高低，评价效果较为明显。

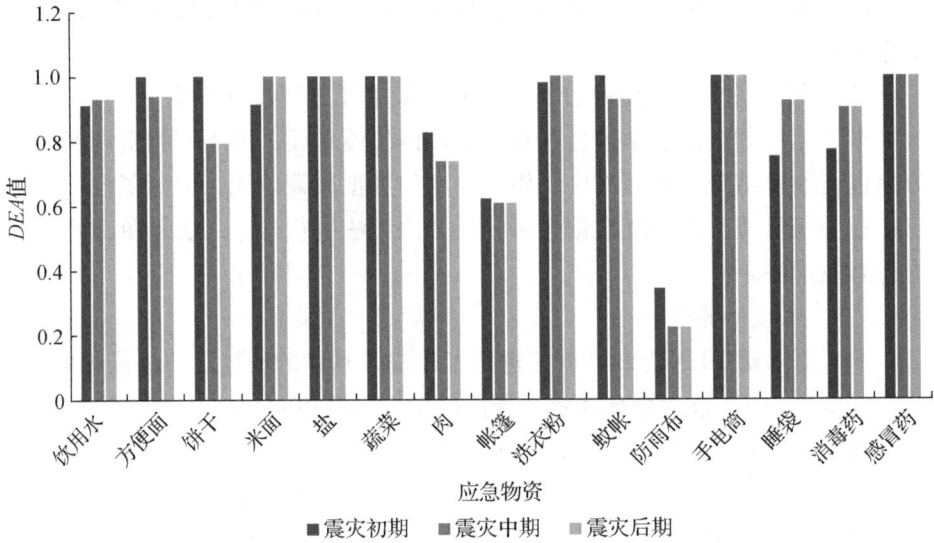

图 6-2　DEA 模型改进前震灾初期、中期和后期的应急物资决策单元排序

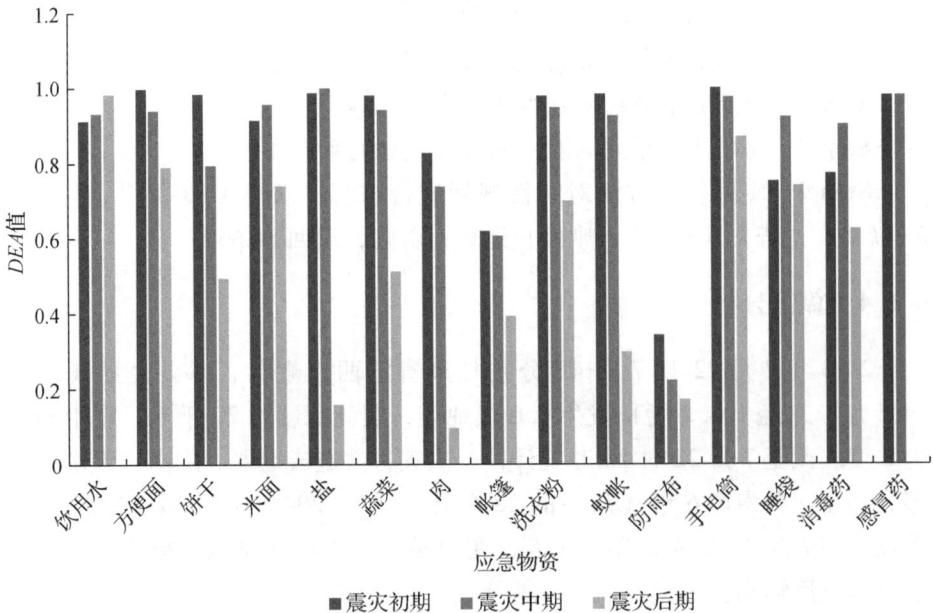

图 6-3　DEA 模型改进后震灾初期、中期和后期的应急物资决策单元排序

在突发事件救灾物资运输路径优化方案模型中，在满足一定约束条件的前提下，验证的假设数据（现有震灾初期、中期和后期 15 种应急物资的输入和输出单元调度数据）如表 6-1 至表 6-3 所示。本节运用效率方法对震灾不同时期的各类应急物资决策单元进行评价。本节采用 DEAP 2.1 软件求解优化的数据包络分析模型，计算机运行环境为 Windows 2010 操作系统，根据算法设计程序语言，得到表 6-4 所示的决策单元评估结果和排序。

表 6-1 震灾初期各类应急物资调度输入指标、产出指标（*DMU*）数据

应急物资	输入单元					输出单元
	运输时间/小时	运输成本/元	运输距离/米	物资成本/元	道路风险指数	救援能力指数
饮用水	24	60 000	750	67 000	45	678
方便面	26	45 300	560	65 900	34	750
饼干	18	48 450	480	57 490	78	754
米面	20	52 000	510	35 790	23	625
盐	17	76 700	790	65 490	56	906
蔬菜	15	86 700	840	23 230	73	705
肉	25	56 560	480	54 740	53	567
帐篷	46	64 390	947	85 670	15	340
洗衣粉	18	54 270	579	67 450	75	764
蚊帐	34	54 210	429	57 420	34	635
防雨布	78	53 210	568	47 560	90	246
手电筒	29	25 980	357	87 430	42	567
睡袋	45	76 320	868	75 350	45	534
消毒药	32	63 290	864	78 560	75	542
感冒药	20	54 390	586	25 800	21	768

表6-2　震灾中期各类应急物资调度输入指标、产出指标（*DMU*）数据

应急物资	输入单元					输出单元
	运输时间/小时	运输成本/元	运输距离/米	物资成本/元	道路风险指数	救援能力指数
饮用水	18	57 900	710	47 000	35	680
方便面	25	32 780	480	46 700	37	650
饼干	18	45 790	450	48 990	68	570
米面	17	38 980	500	13 690	12	560
盐	15	71 450	680	35 790	56	800
蔬菜	14	78 900	670	10 700	60	680
肉	24	52 360	450	36 750	53	500
帐篷	43	46 480	947	46 380	15	340
洗衣粉	14	48 790	579	47 890	58	680
蚊帐	30	42 480	429	54 000	34	600
防雨布	64	46 320	480	38 790	60	150
手电筒	23	12 500	357	67 890	42	500
睡袋	35	67 390	800	57 000	20	525
消毒药	30	47 850	864	46 980	45	530
感冒药	18	48 000	470	12 500	21	750

表6-3　震灾后期各类应急物资调度输入指标、产出指标（*DMU*）数据

应急物资	输入单元					输出单元
	运输时间/小时	运输成本/元	运输距离/米	物资成本/元	道路风险指数	救援能力指数
饮用水	18	33 200	650	12 500	12	650
方便面	22	25 690	450	7500	23	630
饼干	18	25 400	430	10 500	34	270
米面	17	35 000	500	8550	6	360
盐	15	45 680	680	15 750	28	80

续表

应急物资	输入单元					输出单元
	运输时间/小时	运输成本/元	运输距离/米	物资成本/元	道路风险指数	救援能力指数
蔬菜	14	56 540	670	3500	30	230
肉	24	43 250	450	3600	23	50
帐篷	32	36 500	850	4680	5	120
洗衣粉	14	38 690	579	4789	5	230
蚊帐	30	29 850	429	5000	15	160
防雨布	36	26 000	480	8790	20	90
手电筒	23	10 000	357	4860	21	500
睡袋	28	37 580	800	5700	13	425
消毒药	30	35 680	700	4698	23	330
感冒药	18	35 000	470	1500	9	550

表6-4 决策单元评估结果和排序

应急物资	震灾初期			震灾中期			震灾后期		
	DEA	排序	改进后排序	DEA	排序	改进后排序	DEA	排序	改进后排序
饮用水	0.912	4	10	0.932	3	8	1.000	1	2
方便面	1.000	1	2	0.939	2	7	1.000	1	4
饼干	1.000	1	4	0.794	7	12	0.495	7	10
米面	0.914	3	9	1.000	1	4	0.982	2	5
盐	1.000	1	3	1.000	1	1	0.158	11	14
蔬菜	1.000	1	6	1.000	1	6	0.512	6	9
肉	0.827	5	11	0.738	8	13	0.096	12	15
帐篷	0.620	8	14	0.607	9	14	0.393	8	11
洗衣粉	0.979	2	8	1.000	1	5	0.753	4	7
蚊帐	1.000	1	5	0.927	4	9	0.299	9	12

续表

应急物资	震灾初期			震灾中期			震灾后期		
	DEA	排序	改进后排序	*DEA*	排序	改进后排序	*DEA*	排序	改进后排序
防雨布	0.343	9	15	0.223	10	15	0.172	10	13
手电筒	1.000	1	1	1.000	1	3	1.000	1	3
睡袋	0.752	7	13	0.923	5	10	0.799	3	6
消毒药	0.772	6	12	0.903	6	11	0.625	5	8
感冒药	1.000	1	7	1.000	1	2	1.000	1	1

表6-4表明，饮用水、帐篷、防雨布、睡袋、消毒药和感冒药等的应急调度效率排序随着应急时间的推移有逐渐上升的趋势，其中饮用水应急调度物资评价排序从应急初期的第10名逐渐递增到应急中期的第8名，再到应急后期的第2名，类似地，帐篷等应急物资也有相同的趋势，这说明在应急调度期间，对受灾点合理地分配和调度了此类应急物资，优化了应急资源配置，有效地提高了应急救援的效率。而蔬菜、肉、蚊帐和手电筒等呈逐渐降低的趋势，这说明在应急调度期间，对受灾点此类应急物资的需求进行了合理分配和调度，在以后的应急方案中应加强对此类物资的调度优化，以制定更加有针对性和建设性的决策。

从两种模型的评估效率值来看，数据包络分析模型效率值介于0.607～1，效率差值为0.393；改进数据包络分析模型效率值介于0.343～1，效率差值为0.657。较大效率差值扩大了决策单元效率值的范围，增强了决策单元可比性，达到了对决策单元进行有效区分和排序的目的。结果表明，改进数据包络分析模型行之有效，为科学评估多个决策单元的效率提供了一种新的途径，对实现效率评估提供了理论基础和应用方法。未来可以依托改进数据包络分析模型建立DEA敏感度模型，根据历年指标数据，通过效率差异分析出敏感度指标，指出提高我国应急预案绩效的有效路径与措施。

6.2 基于公平约束的多OD调度优化模型

震灾初期救援情况紧急，要求应急物资调度时间越短越好，无明确的调度限制期，然而在震灾中后期，时间对于生命财产损失的影响也被弱化，随之而来的是各受灾点的公平性和满意度意识逐渐加强；同时，由于应急物资种类繁多、数量较大，单个应急物资配送点往往不能满足各受灾点的物资需求，需多个应急物资配送点（Original）和受灾点（Destination）组合调度优化来完成应急救援任务，多 OD 应急物资调度优化对提高应急救援效率有重要现实意义。

对于公平，通常使用不公平指标来进行量化。本节从大规模地震灾害应急救援需求的角度出发，考虑应急需求动态性、灾民伤亡程度、各需求点的公平性，以及应急物资时效性、紧缺程度和重要性深入研究基于公平约束的多响应点应急物资调度优化。通过最小化不公平指标可以最大化公平程度。但是，仅仅最大化公平程度，往往带来效率的巨大损失，因此，可以建立以应急救援能力值和不公平指标为目标函数的多目标规划模型来求解物资分配问题。本节以应急物资损失和偏离公平指数最小化为目标函数，构建了多需求点的应急物资调度优化模型，该模型是典型的多目标数学规划问题。

6.2.1　问题描述与假设

本节以应急救援能力值最大、受灾点损失最小，以及受灾点救援的公平性为目标，构建了多资源多 OD 应急物资调度优化模型。该模型是典型的多目标数学规划问题。

（1）应急救援能力值最大。当受灾点灾民得到一定种类和数量的所需物资时，即可认为应急救援能力发挥了效用。应急救援能力值的定义比较宽泛和复杂，这里应急救援能力值和应急救援效率高度相关，应急救援能力值为各受灾点实际获得的应急物资与其需求的比值，因此应急物资调度效率的高低直接影响到应急救援能力值的大小。而应急物资调度效率往往与物资种类和特性（时效性、紧缺程度和重要性）有关，可认为应急时限内送达受灾点的应急物资数量越大，应急救援的效率就越高，获救人员数量就越多。同时，灾民的需求也与灾民的特性有一定关联（第 6 章对灾民特性进行了具体研究），因此，应急救援能力值最大是本节构建的应急物资调度优化模型的首要目标。

（2）各受灾点损失最小。本节假定一个配送点向多个受灾点进行应急物资调度，当配送点的某种物资仓储量不足，或者受调度车辆运力限制时，可以适当调整调度车辆运输的混载种类，满足各受灾点的最低需求，从而减少各受灾点受灾人员的损失。

（3）各受灾点偏离公平程度最小。在实际应急物资调度中，要避免为了追求应急总效益最大，而忽略或舍弃对一些受灾点的救援，造成社会不公平现象，引起社会公众的不满，影响社会的团结和稳定。在构建应急物资调度优化模型前，要兼顾各受灾点的应急需求，需对所涉及的应急物资配送点进行定义。

为了更好地对模型进行描述和理解，模型的构建应满足以下 3 个假设：

假设 1：震灾中后期动态信息均可根据实时报道、实地调查等，并采用第 3 章提出的动态实时应急物资需求预测方法获得；

假设 2：由于所有可利用资源是由应急决策者分配的，因此，所有用于调度的资源种类、数量和分布均可提前获知；

假设 3：调度工具在一个应急物资配送点执行调度任务时，最终只停留在一个受灾点，且各运输路线互不干涉。

6.2.2　符号解释

β_{vj}：第 j 类灾民（共 n 类）的灾民系数，表示灾民重要程度；

$\overline{S_m}$：m 个受灾点的平均满意度；

m：受灾点总数（需求点总数，代码 a）；

n：物资总类（代码 i）；

c：第 c 个分配点（共 C 个）；

S_{ai}：第 a 类受灾点对物资 i 的满意度；

S_{li}：除受灾点 a 外的其他受灾点 l 对物资 i 的满意度；

V_i：i 类物资的单位救援效用值；

P：p 类不同承载力的调度工具（$1, 2, \cdots, k$）；

T_{capi}：采用 p 类调度工具对 i 类物资从受灾点 c 运到受灾点 a 的物资量；

γ_i：物资 i 的时效性系数；

μ_i：物资 i 的重要性系数；

σ_i：物资 i 的紧缺程度系数；

D_{ai}：受灾点 a 对物资 i 的需求量；

G_{ci}：分配点 c 对物资 i 的分配量；

T_i：物资 i 的存储量；

H_a：分配点到受灾点 a 的运力；

6.2.3　模型数学表达与算法

6.2.3.1　模型数学表达

假设受灾点的损失函数为

$$L = \sum_{i \in m} \sum_{a \in n} \frac{\beta_{vj} \cdot \gamma_i \cdot \mu_i \cdot \sigma_i}{D_i} (D_{ai} - G_{ai})。 \tag{6-9}$$

$\dfrac{1}{D_i}$ 用于对物资的计量单位进行标准化和归一化处理，$D_i = \sum\limits_{a \in m} D_{ai}$ 为所有受灾点对物资 i 的满意度，该损失函数用于表达应急物资分配的效率，损失越小，表明效率越高。

$$S_a = \frac{V_i \cdot T_{capi} \cdot \gamma_i \cdot \mu_i \cdot \sigma_i \cdot \beta_{vj}}{D_{ai}}。 \tag{6-10}$$

式（6-10）中的 S_a 为第 a 个受灾点的满意度指数，定义为各分配点 c 运抵需求点 m 的有效资源总量与该需求点资源需求总量之比。

$$F_a = \sum_{i \in n} \left(\frac{1}{\overline{S_m}} \sum_{a=1}^{m} \sum_{l=1}^{m} |S_{ai} - S_{li}| \right)。 \tag{6-11}$$

式（6-11）中，F_a 为受灾点 a 的非公平指数。

设由一个分配点向多个受灾点分配多种应急物资，出救点到受灾点有运力限制，但各种应急物资可以混载。要求给出一个方案，确定出救点分配给各个受灾点的各种应急物资的数量，以减少各受灾点受灾人员的损失。

一般来讲，效率与公平是相互矛盾的，存在悖反关系。为了更进一步研究应急物资分配中效率与公平的关系，本部分将建立一个以受灾点损失最小作为效率目标、以加权的基尼系数最小作为公平目标的双目标规划模型，并求解其帕累托有效解。所谓帕累托有效解是指在没有使一个目标变坏的前提下，可能使得至少另一个目标变得更好。

在式（6-9）的基础上加入公平目标，就可以得到具有多目标的应急物资调度优化公平模型，见式（6-12）和式（6-13）。

$$\min L = \sum_{i \in m} \sum_{a \in n} \frac{\beta_{vj} \cdot \gamma_i \cdot \mu_i \cdot \sigma_i}{D_i} (D_{ai} - G_{ai}), \tag{6-12}$$

$$\min F_a = \min \sum_{i \in n} \left(\frac{\alpha_{mi} \cdot \beta_{vj}}{S_m} \sum_{a=1}^{m} \sum_{l=1}^{m} |S_{ai} - S_{li}| \right), \tag{6-13}$$

$$s.t. \sum_{l \in m} G_{ai} \leqslant T_i \quad \forall i \in n, \tag{6-14}$$

$$\sum_{i \in n} G_{ai} \leqslant H_a \quad \forall a \in m, \qquad (6-15)$$

$$G_{ai} \geqslant D_{ai}, \quad \forall a \in m, i \in n, \qquad (6-16)$$

$$R_{ai} = \frac{G_{ai}}{D_{ai}}, \qquad (6-17)$$

$$G_{ai} \geqslant 0 \quad \forall a \in m, i \in n_\circ \qquad (6-18)$$

式（6-12）是震灾后损失最小化目标函数，式（6-13）是某个受灾点的偏离公平程度，约束条件如式（6-14）和式（6-15）所示。其中，式（6-14）表示分配点对受灾点 a 物资 i 的分配量小于物资 i 的储存总量；式（6-15）表示分配点对受灾点 a 物资 i 的分配量同样要小于出救点到受灾点 a 的运输能力；式（6-16）表示分配点对受灾点 a 物资 i 的分配量大于该受灾点对物资 i 的需求量；式（6-17）为受灾点 a 对物资 i 供应的满意度，即该受灾点供应量与需求量的比值；式（6-18）是赋予分配点对受灾点 a 物资 i 的分配量应符合实际意义，即应大于0。

6.2.3.2　算法

在确定了基于公平约束的调度优化数学模型后，接下来就应根据相应的数学模型具体求解。由于演化算法本身的随机性，每次运行结果都可得到不同的解，但是当演化代数足够大时，都可以接近甚至达到 Pareto 前沿。与传统的优化技术比较，群体搜索策略和群体中个体之间的信息交换是演化算法的两大特点。它们的优越性主要表现在：首先，进化的操作规则是概率性的而非确定性的，在搜索过程中不易陷入局部最优；其次，由于它们固有的并行性，演化算法非常适合大规模复杂问题求解；再次，演化算法采用自然进化机制来表现复杂的现象，并充分利用适应值函数的信息而很少依靠其他相关知识，能够快速解决比较困难的问题；最后，也是重要的一点，易与其他启发式算法或局部搜索策略结合构造高效的混合策略的优化搜索算法。

下面为目标问题的数学模型一般表达形式，其中，多个优化目标为 $f_1(x), f_2(x), \cdots, f_n(x)$，$g_i(x)$ 为不等式约束，$h_j(x)$ 为等式约束。

$$\min \{f_1(x), f_2(x), \cdots, f_n(x)\}$$
$$s.\,t.\ g_i(x) \leqslant 0 \quad i = 1, 2, \cdots, m$$
$$h_j(x) = 0 \quad j = 1, 2, \cdots, p$$

对上述模型中的目标函数 $f_1(x), f_2(x), \cdots, f_n(x)$ 的优化通常是无法协调，甚至是对立矛盾的，如一个解对某个目标进行了优化，但对其他目标来说可能是较差的。法国经济学家帕雷托提出多目标问题向量优化的概念，即帕累托占优解。帕累托占优解集内的元素相互之间是不可比较的，因为每个目标的地位是等同的。下面通过定义给出帕累托占优解集和帕累托前沿的定义：

本算法速度快，并且产生的解可以分布在约束区域的边界上，以确保得到更好的候选解。另外，现实世界中的许多实际问题都是多目标优化问题，将多目标演化优化算法与之结合，也是多目标演化优化算法的一个研究应用方向之一。

在多目标优化技术中，有一些常用概念，定义如下：

定义1 优于（Dominate）

解 x_1 优于 x_2 当且仅当以下两个条件都成立：

（1）x_1 的各个目标值都不比 x_2 差，即 $\varphi(x_1) \leqslant \varphi(x_2), j = 0, 1, \cdots, K, K$ 为集合的大小。

（2）至少存在一个目标函数使得 x_1 的目标值比 x_2 的目标值好，即 $\exists j \in \{0, 1, \cdots, K\} \, st. \, \varphi(x_1) < \varphi(x_2)$。

如果 x_1 优于 x_2，我们也可以说 x_2 被 x_1 占优（x_2 is dominated by x_1）；否则，如果上面两个条件中的任何一个不满足，我们则可以说 x_2 不被 x_1 占优（x_2 is non-dominated by x_1）。

定义2 非劣集（non-dominated set）

在一个解的集合 P 中，非劣解集 P' 就是那些不被 P 中任何一个解所占优的解的集合。

定义3 Pareto 最优集（Pareto-Optimal Set）

整个可行搜索空间 S 的非劣集，也就是 Pareto 的最优集。

定义4 Pareto 前沿（Pareto front）

对于 MOP 问题和 Pareto 最优解集 ρ^*，Pareto 前沿 ρf^* 定义为 $\rho f^* = \{u = F(x) | x \in \rho^*\}$，所以 Pareto 前沿导致 Pareto 最优解集在目标空间中的映像。

集合 Ω 一般称为（MOP）的可行解集，可行解集中的任一个 $x = (x_1, x_2, \cdots, x_{n+1})$ 称为（MOP）的一个可行投资组合。一个可行投资组合是 Pareto 有效解，即不存在其他可行投资组合具有较大收益而风险不增，或者风险下降而收益不减。定义1中的优劣性概念是群体中个体之间比较的基础。

多目标演化优化算法主要流程如下：

演化优化算法（EAs）

1. 进化代数初始化：$t = 0$。

2. 随机产生初始群体 $X(t)$。

3. 评价群体 $X(t)$ 的适应度。

4. 个体交叉操作：$X'(t) \text{Recombination}[X'(t)]$。

5. 个体变异操作：$X'(t) \text{Mutation}[X'(t)]$。

6. 评价群体 $X'(t)$ 的适应度。

7. 个体选择、复制操作：$X(t+1) \text{Reproduction}[X(t) \cup X'(t)]$。

8. 终止条件判断。若不满足终止条件，则 $t = t+1$，转到第4步，继续进行进化操作过程；若满足终止条件，则输出当前最优个体，算法结束。

从随机产生初始种群 P；

while 不满足停机条件 do

｛计算中种群中个体的 rank 值和 niche 值。

通过 better 函数对个体排序，找到最差个体 Xworst。

从种群中随机选择 m 个个体进行多父体杂交，产生新个体 Xson，计算 Xson 在当前群体中的 rank 值和 niche 值。

如果 Xson 优于 Xworst，即 better（Xson，Xworst）= true，则用 Xson 取代 Xworst.｝。

6.2.4 算例分析

震灾发生后，受灾地区有10个受灾点，即应急物资需求点，各受灾点对医药品、饮用水、压缩饼干、方便面、帐篷、睡袋、洗衣粉和手电筒共八大类应急物资的需求情况如表6-5所示。

表6-5 各受灾点对应急物资的需求情况　　　　单位：件

受灾点	医药品	饮用水	压缩饼干	方便面	帐篷	睡袋	洗衣粉	手电筒
1	35	200	480	500	1300	200	50	43
2	28	350	560	600	2100	160	43	53
3	80	260	370	460	1730	190	38	67
4	17	190	640	730	3290	220	49	64
5	51	270	350	480	1320	300	41	78

受灾点	医药品	饮用水	压缩饼干	方便面	帐篷	睡袋	洗衣粉	手电筒
6	37	450	430	510	2870	320	37	35
7	32	290	540	540	3110	380	31	27
8	54	460	380	480	2410	220	35	73
9	77	640	650	850	2330	450	39	53
10	48	420	470	510	3290	230	25	24

根据 6.2.1 的假设，本节只有一个应急物资配送点，应急物资分配点可供应的应急物资数量 T_i 和特性系数 μ_i、γ_i、σ_i 如表 6-6 所示，可提供的运力 H_a 和灾民系数 β_{vj} 如表 6-7 所示。

表 6-6　应急物资分配点可供应的应急物资数量和特性系数

物资	医药品	饮用水	压缩饼干	方便面	帐篷	睡袋	洗衣粉	手电筒
T_i/件	100	1200	1200	5000	6000	800	100	120
μ_i	0.8	0.4	0.3	0.6	0.7	0.7	0.2	0.5
γ_i	0.2	0.1	0.1	0.2	0.3	0.3	0.4	0.2
σ_i	0.6	0.4	0.7	0.7	0.6	0.6	0.2	0.2

表 6-7　应急物资分配点到各受灾点的运力和灾民系数

受灾点	1	2	3	4	5	6	7	8	9	10
H_a	550	760	1050	380	590	600	1390	730	590	680
β_{vj}	0.3	0.7	0.6	0.9	0.2	0.1	0.5	0.4	0.1	0.8

图 6-4 为模型 4-32 中 10 个受灾点的救援能力与偏离公平度的变化曲线，随着偏离公平度的增加，即不公平度越来越高，应急救援能力值先升高再降低，其中点 c 处最高，此时偏离公平度为 78%。这说明，偏离公平度为 0，即绝对公平时，应急救援能力值最低，趋近于 0，这与葛洪磊在其博士论文中提到的救援效率与公平一般情况下相互矛盾、存在悖反关系相一致，即通常来讲，震灾发生后，如果仅考虑完全公平的因素，那么在这种单纯追求绝对公平的条件下，救援效率必然要受到影响，从而会导致救援能力低下，即所说的绝对公平便是不公平。那么 b 点发生在偏离公平度最大的时

候，即取值在不公平的最大程度时，应急救援能力值降至最低点，但仍高于点 a，这说明当偏离公平度趋近于 100%，即绝对不公平情况下，应急救援能力值也在下降，因此可以推断，当完全不公平时，灾民的满意度会下降，进而会影响与特性系数有关的救援能力模型，而在公平度到达中间某一值时会使应急救援能力达到最大值，即我们所追求的最优应急物资分配方案。

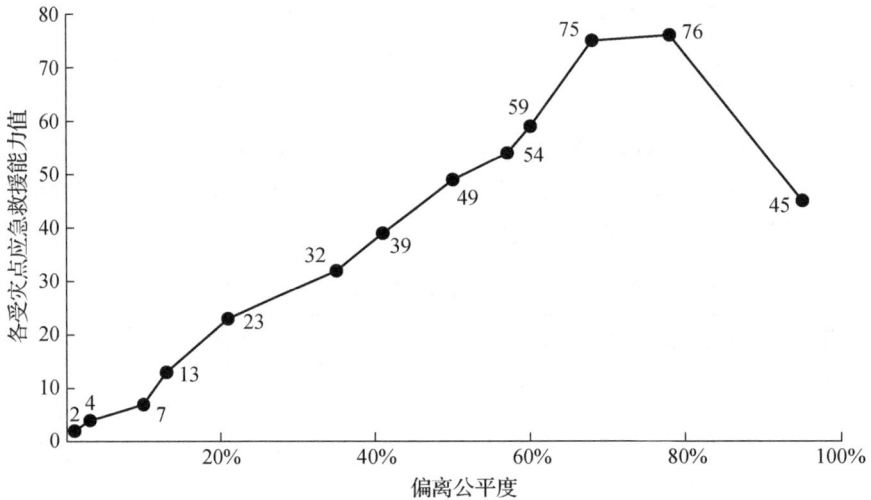

图 6-4 模型 4-32 中 10 个受灾点的救援能力与偏离公平度的关系曲线

使用 MATLAB r2010b 对上文提出的多目标演化优化算法编程，求得最优解，如表 6-8 所示，应急物资分配总量为 35 757 吨。在对模型 4-32 的应急救援能力值与偏离公平度进行平衡以后，可以选择出满意的有效解，各受灾点对应急物资的满足率如表 6-9 所示。

表 6-8 模型 4-32 的最优解   单位：吨

受灾点	医药品	饮用水	压缩饼干	方便面	帐篷	睡袋	洗衣粉	手电筒
1	50	180	38	38	50	150	35	35
2	57	230	40	60	65	231	45	64
3	38	260	38	54	45	253	42	54
4	80	340	58	20	64	341	56	23
5	34	390	48	60	24	351	52	64

受灾点	医药品	饮用水	压缩饼干	方便面	帐篷	睡袋	洗衣粉	手电筒
6	60	460	45	89	58	420	45	64
7	69	170	28	61	63	190	26	53
8	60	234	60	43	46	234	63	46
9	73	442	33	21	75	442	34	23
10	35	268	68	60	35	245	64	65

表 6-9　各受灾点对应急物资的满足率

受灾点	医药品	饮用水	压缩饼干	方便面	帐篷	睡袋	洗衣粉	手电筒
1	1	1	1	1	1	0.83	0.92	0.92
2	1	1	1	1	1	1	1	1
3	0.75	1	1	1	1	0.97	1	1
4	0.23	1	1	1	0.71	1	0.97	1
5	1	1	1	1	1	0.97	1	1
6	1	0.67	1	1	0.97	0.91	1	0.72
7	1	1	1	0.82	1	1	0.93	0.87
8	0.56	1	1	1	0.77	1	1	1
9	1	0.72	1	1	1	1	1	1
10	1	1	1	0.92	1	0.91	0.94	1

如表 6-9 所示，10 个受灾点对压缩饼干的满足率为 100%，基本全满足，而个别受灾点对饮用水和帐篷的满足率有待加强，一些受灾点对医药品的满足率较低，可能是某些医药品储备量不足或紧缺程度较高造成的。由此，可以判断应急物资分配效率模型以追求效率最大化为目标，忽略公平因素，可能会造成应急物资分配的不公平程度较大。

6.3　本章小结

本章依据震灾应急救援的任务和应急目标的变化，通过模型构建、算法设计和案例研究，提出了与震灾应急物资调度优化相关的决策方法与模型。

通过构造调度时间、成本、风险等决策输入单元和救援能力的输出单元，对传统的数据包络分析模型进行了改进，改进的数据包络分析模型弥补了传统数据包络分析模型存在的缺陷，能有效对决策单元效率值进行排序，比较而言，改进的数据包络分析模型的权重更加规范，评价结果更为合理、客观。最后考虑物资特性和多响应点的因素，基于公平性约束构建了应急物资调度优化决策模型，并通过多目标优化演化算法对算例进行分析，还分析了应急救援能力与偏离公平度的关系。

第 7 章　基于模糊灾情信息的调度优化模型

震灾信息的不确定性和缺失对于应急物资的调度优化有着非常大的影响。例如，区域路网中某一个地方或某几个地方发生交通事故后，采集的交通事故信息不完备，可能造成物资调度道路信息缺失；灾后应急初期阶段避难所人数实时变化，造成了受灾点人数的模糊性；这些不完备和模糊的灾情信息就导致应急物资调度优化需求不确定。目前的研究大都涉及其中的部分特性，而没有对其进行系统的研究分析，这造成了应急物资需求调度计划的可靠性受到影响。随着数据库系统的不断发展，数据查询和统计的高效实现早已成为可能。但很多情况下无法获得潜在的关系和规则，缺少对数据潜在价值的认识，从而导致实际有效的灾情知识十分贫乏。

由此，研究知识规则挖掘具有很大的现实意义，尤其是对缺失或模糊数据进行灾情知识的规则挖掘。利用经典的算法来处理这些数据，会造成资源的浪费，势必会影响我们的决策，造成信息失真。粗糙集理论扩展后，才可以应用于对不完备和不协调信息的处理。总之，灾情信息的不确定性问题成为决策信息系统的重要研究课题之一。

7.1　灾情数据挖掘及 Apriori-SQL 算法

7.1.1　模糊的非决定性信息系统（RNIS）

在数据挖掘过程中数据缺损的现象时常发生，尤其是震灾过后大量灾情信息蜂拥而至的时候，还常常伴有同类信息缺失、遗落或无法确定的现象，导致政府和应急管理机构面对的灾情信息系统大多是不完备或模糊的，本章称其为"模糊的非决定性信息系统"（RNIS-Rough Non-deterministic Information System）。相对于决定性信息系统（DIS），非决定性信息系统的处理难度更大，近年来一直受到研究者的关注。早在 1975 年，ANSI 在发表的内部报告中就提出了用一种特殊的空值来表示某个不存在或暂时未知的数据项。

后来，郝忠孝、Stefanowski、Tsouki'as、Grzymala-Bussef 等学者对未知属性值的语意给出了多种解释。

目前，对未知属性值这种非决策性的不完备信息，基于粗糙集理论的处理方法大致可分为两类——数据补齐法和模型扩展法。国内外研究人员已经对这些不完整数据的知识获取问题进行了相关研究，但是，作为数据挖掘中一个富有挑战性的研究课题，现有的粗糙集理论扩展模型及其知识获取方法仍然存在一些至今还没有很好解决的问题，并且在灾情信息挖掘至关重要且不完备信息常常存在的应急管理领域中，对于非决策性灾情信息的有效挖掘方法就更待进一步研究。

（1）非决定性信息系统中的粗糙集理论模型及其知识获取方法

数据的缺损是数据挖掘过程中不可避免且十分重要的问题，在应急管理领域中，不完备的灾情信息处理成为当前亟待解决的一个热点问题。对含有未知属性值的非决定性信息系统，将经典粗糙集理论中的相关概念适当扩展后再处理不完备信息是客观有效的策略之一。目前，已提出了一些粗糙集扩展模型和相应的知识获取方法，如容差关系、非对称相似关系和特征关系等，基于这些广义不可分辨关系的广义近似空间和知识约简方法也得到初步研究。但对不可分辨关系的扩展、上近似和下近似定义、知识约简方法的研究还不够深入。为了更加有效地处理不完备信息，寻求合适的广义不可分辨关系模型及其相应的知识获取方法尤为重要，一直以来都是一个重要的研究方向。

（2）具有模糊性和随机性的非决策性信息处理理论与方法

经典模糊集理论对原始数据本身的不确定性缺乏相应的处理能力，为了有效处理带有模糊性和随机性的数据，国内外研究者已经把粗糙集理论和其他不确定理论结合起来得到相应的扩展模型和方法。如何将这些理论模型和方法进一步扩展到含有未知属性值的不完备信息系统之中，以处理带有模糊性和随机性的不完备信息，更好地解决实际问题，还需进一步研究。

（3）非决定性信息系统粗糙集的强泛化能力问题

粗糙集理论是一种不确定信息处理的有效方法，但由于忽视了训练样本集与整体数据集之间的关系，即数据的随机性问题，导致其泛化能力很不理想。从粗糙集模型中得到的结论能很好地适用于训练数据集。然而在实际应用中，常需要把从训练数据集中得到的结论应用于大规模对象集，此时由粗糙集模型产生的知识（决策规则）对测试数据集往往有较差的分类准确率。

因此，粗糙集理论主要适合于样本特征少且样本分布符合数据整体分布的情形，而对于那些特征数量大、样本少的数据集，粗糙集理论就显得力不从心。在包含部分丢失值的不完备信息系统中，研究具有强泛化能力的粗糙集理论与处理方法更具挑战性。

粗糙集理论的研究是近年来人工智能领域中崛起的一个新方向，它能用确定的方法处理不确定问题。虽然粗糙集理论已得到了一些成功的应用，逐渐得到人们的认可，但很多环节仍需要进一步的探讨和研究。在非决定性信息处理领域，对上述关键问题的研究将促进粗糙集理论的发展和完善，推动粗糙集在应急管理中的应用。本书主要应用粗糙集理论，在 MySQL 数据库中应用改进的数据挖掘经典算法 Apriori，针对不完备的灾情信息进行灾情知识的获取，并对未知调度路径方案进行预测、分析和讨论，希望在粗糙集及其扩展理论模型已有研究成果的基础上，为解决这些问题提供一定的帮助。

7.1.2　基于 SQL 的 NIS-Apriori 算法

MySQL（Structured Query Language，结构化查询语言）是由原 MySQL AB 公司自主研发的目前 IT 行业最流行的开放源代码的数据库管理系统，同时它也是一个支持多线程高并发多用户的小型关系型数据库管理系统，用来存取数据及查询、更新和管理关系数据库系统，MySQL 数据库因具有简单、稳定和可靠的显著优势而被广为使用。

PhpMyAdmin 是一个以 PHP 为基础，以 Web-Base 方式架构在网站主机上的 MySQL 数据库管理工具，让管理者可用 Web 接口管理 MySQL 数据库。借此 Web 接口可以成为一个以简易方式输入繁杂 SQL 语法的较佳途径，尤其在处理大量资料的汇入及汇出时更为方便。

为了实现减少对数据库的扫描次数来提高算法效率的目的，本改进算法采用 MySQL 数据库通过 Apriori 改进算法对关系表的查询来计算候选集的支持度（support）和精度（accuracy）。在这个调度信息数据挖掘过程中，首先，利用 SQL 语句对关系表进行查询，计算出满足最小支持度计数的频繁项集；其次，计算规则相关性，找出全部满足设定的支持度和精度的规则；最后，对未知的新调度路径进行是否能达到灾民满意度预期的预测。

非决定性信息系统算法相关支持信息如图 7-1 所示。

7.1.2.1　传统的 DIS-Apriori 算法

Apriori 算法作为数据挖掘十大经典算法之一，在挖掘布尔关联规则频

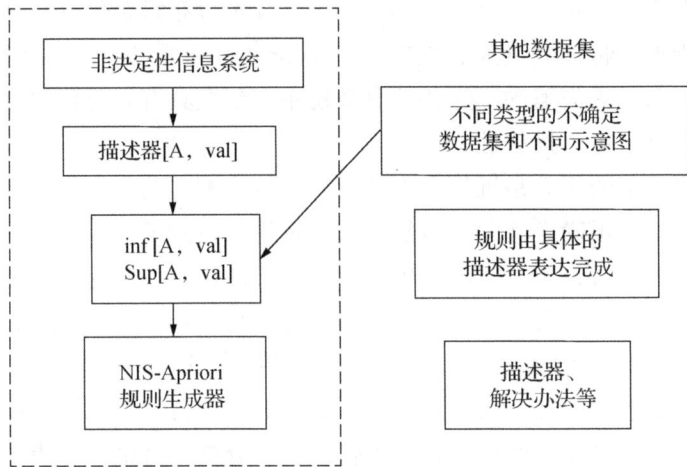

图7-1 非决定性信息系统算法相关支持信息
（作者所在日本课题组共同整理）

繁项集的算法中是最有影响力的。该算法因应用了频繁项集性质的先验知识而得名。

Apriori 使用逐层搜索的迭代方法，k–项集用于探索（$k+1$）–项集。首先，找出频繁 1–项级的集合。该集合记作 L_1。L_1 用于找候选 2–项集的集合 C_2，再根据支持度找到频繁 2–项集。而 L_2 用于找 C_3，C_3 用于找 L_3，这样一直找下去，直到不能找到频繁 k–项集为止。每找一个 L_k 都需要进行一次数据库扫描，这样的算法效率较低，为提高频繁项集逐层产生的效率，使用 Apriori 先验性质，对搜索空间进行压缩。对于一个决策性信息系统 Ψ，我们对决策属性 $DEC = \{Dec\}$，α 和 β 进行适当调整，进而得到条件 x：

$$\tau^x : [CON, \zeta] \Rightarrow [Dec, val], (x \in OB, [CON, \zeta]\ means \cap A \in CON[A, val_A]),$$
$$satifying\ \mathrm{sup}\ port(\tau^x) \geqslant \alpha, accuracy(\tau^x) \geqslant \beta_\circ$$

对于上述的 τ^x，条件 τ 被作为 Ψ 的规则。

$$DD(\Phi) = \{\Psi | \Psi\ is\ a\ derived\ DIS\ from\ a\ NIS\ \Phi\}_\circ$$

基于算法 1 产生条件的具体步骤如下：

算法 1：

输入：

A DIS, decision attributes DEC = {Dec}, constraint either (DIS – CR) or (DIS – CO) including α and β (see Section 2).

输出:

(Base Step: $n = 1$)

(Step n. 1) $n = 1$.

(Step n. 2) $CAN_n = \{ [A, val] \mid |EQ_{[A, val_A]}| / |OB| \geqslant \alpha, A \in (AT \backslash DEC) \}$.

(Step n. 3) $CAN_{Dec} = \{ [Dec, val] \mid EQ_{[Dec, val]} \mid |OB| \geqslant \alpha \}$.

(Step n. 4) $REST_n = \varnothing$. For CAN_n and CAN_{Dec}, generate each implication $\tau_{i,j}, \tau_{i,j}: CDESC_i \Rightarrow DDESC_j$, ($CDESC_i \in CAN_n$ and $DDESC_j \in CAN_{Dec}$), and examine the following sub-steps n. 4a and n. 4c for each $\tau_{i,j}$.

(If $EQ_{CDESC_i} \cap EQ_{DDESC_j} \neq \varnothing$, each x in this intersection supports the same implication $\tau_{i,j}$.)

(Step n. 4a) Calculate support ($\tau_{i,j}^x$) and accuracy($\tau_{i,j}^x$) for an x supporting $\tau_{i,j}^x$, namely,

support ($\tau_{i,j}^x$) $= |EQ_{CDESC_i} \cap EQ_{DDESC_j}| / |OB|$ accuracy ($\tau_{i,j}^x$) $= |EQ_{CDESC_i} \cap EQ_{DDESC_j}| / |EQ_{CDESC_i}|$.

(Step n. 4b) If $\tau_{i,j}^x$ satisfies constraint, $\tau_{i,j}^x$ is obtained as a rule.

(Step n. 4c) Otherwise, if $\tau_{i,j}^x$ satisfies the constraint on support, dd $CDESC_i$ to a set $REST_n$

sequentially. For obtained $REST_n$, make $CAN_{n+1} = \{ CDESC \cap CDESC' \mid CDESC, CDESC' \in REST_n \}$.

(Each element in $EQ_{CDESC} \cap EQ_{CDESC'}$ supports $CDESC \cap CDESC'$).

(Step n. 5) Assign $n + 1$ to n.

7.1.2.2　改进的 NIS-Apriori 算法

为了实现上述部分的低值系统（lower system）和高值系统（upper system），本小节调整了算法 1，在算法 1 中，用最小支持度（minsupp）和最小精度（minacc）替换一般支持度（support）和一般精度（accuracy），而对于低值系统，将最大支持度（maxsupp）和最大精度（maxacc）替代一般支持度和一般精度。

$$OUTACC = (\sup([CON, \zeta]) \backslash \inf([CON, \zeta])) \backslash \inf([Dec, val])$$

$$INACC = (\sup([CON, \zeta]) \backslash \inf([CON, \zeta])) \cap \sup([Dec, val]).$$

$$minsup\ p(\tau^x) = |\inf([CON, \zeta]) \cap \inf([Dec, val])| / |OB|,$$

$$minacc(\tau^x) = \frac{|\inf([CON,\zeta]) \cap \inf([Dec,val])|}{|\inf([CON,\zeta])| + |OUTACC|}.$$

$$maxsup\ p(\tau^x) = |\sup([CON,\zeta]) \cap \sup([Dec,val])|/|OB|,$$

$$maxacc(\tau^x) = \frac{|\sup([CON,\zeta]) \cap \sup([Dec,val])|}{|\inf([CON,\zeta])| + |INACC|}.$$

改进算法的主要思想是通过编程计算出所有可能推导的决定性信息系统的最大支持度、最小支持度和最大精度、最小精度，对于确定性规则的挖掘是只要最小支持度和最小精度满足参数设定条件即可，而改进算法的规则是其最大支持度和最大精度满足参数设定条件即视其为可能存在的关联规则，具体算法如下：

算法 2：

输入：

A NIS, decision attributes DEC = {Dec}, constraint either CR or CO below：

输出：

(Base Step：n = 1)

(Step n. 1) n = 1.

(Step n. 2) $CAN_{n,inf} = \{[A, val_A] \mid \inf([A, val_A])|/|OB \geqslant \alpha$.

(Step n. 3) $CAN_{Dec,inf} = \{[Dec, val] \mid \inf([Dec, val])|/| = |OB| \geqslant \alpha$.

(Step n. 4) $REST_n = \varnothing$. For $CAN_{n,inf}$ and $CAN_{Dec,inf}$, generate each implication $\tau_{i,j}$.

$\tau_{i,j}$: $CDESC_i \Rightarrow DDESC_j$, ($CDESC_i \in CAN_{n,inf}$ and $DDESC_j \in CAN_{Dec,inf}$),

and examine the following sub-steps n. 4a, n. 4b and n. 4c for each $\tau_{i,j}$.

(If $\inf(CDESC_i) \cap \inf(DDESC_j) \neq \varnothing$, each element x in this intersection supports the same implication $\tau_{i,j}$.

(Step n. 4a) Calculate minsupp($\tau_{i,j}^x$), OUTACC and minacc($\tau_{i,j}^x$) for an object x supporting $\tau_{i,j}^x$.

(Step n. 4b) If $\tau_{i,j}^x$ satisfies the constraint CR (or CO), $\tau_{i,j}^x$ is obtained as a certain rule.

(Step n. 4c) Otherwise, if $\tau_{i,j}$ satisfies the constraint on support, add $CDESC_i$ to a set $REST_n$ sequentially. For obtained $REST_n$, make $CAN_{n+1,inf} =$
{CDESC ∩ CDESC′ | CDESC, CDESC′ ∈ $REST_n$}.

(Each element in $\inf(CDESC) \cap \inf(CDESC')$ supports CDESC ∩ CDESC′.)

（Step n. 5）Assign n + 1 to n. （Inductive Steps：n ⩾ 2）

For $CAN_{n,inf}$ and $CAN_{Dec,inf}$, repeat （Step n. 4）and （Step n. 5）until $CAN_{n+1,inf} = \varnothing$.

7.1.3　属性变量与决策变量选取

7.1.3.1　属性变量

（1）应急阶段

震灾发生后，往往需要较长的时间才能完全了解灾区的真实需求。对于应急救援来说，时间就是生命，我们不能等到所有信息都完全了解后再进行救援，最好的处理方法是根据信息获取的程度，对灾区需求进行分阶段应急物资调度规划。详细的震灾应急阶段划分理论见第 2 章 2.2.2 小节，这样既兼顾了不同应急时期（震灾初期、中期和后期）的针对性需求，也充分发挥了信息的阶段性作用。

（2）调度时间

应急物资调度时间影响应急物资配送的效率及受灾点灾民的满意度。灾难发生后，快速的应急物资调度往往能提高应急救援效率，有效提升灾民满意度。

（3）避难所人数

在中国知网上以"避难所人数"为关键词进行文献检索，一共有 23 条结果，全部是关于避难所本身的布局研究或选址分析，没有一篇文献是针对避难所内部构造内容的研究，尤其是避难所灾民特性的研究，避难所人数的多少直接影响着应急物资配送数量及灾民满意度。本章考虑避难所人数，以此为属性项之一，进行应急物资调度路径规划的模型构建。

（4）灾民特性属性值（男女比例、老龄化率、儿童比例及就业率）

灾民属性指标不仅仅选取了避难所人数，还包括避难所男女比例、老龄化率、儿童比例和就业率，性别、年龄、儿童比例及就业率的不同会导致应急物资需求种类和数量的不同，同时会导致满意度不同。

（5）物资分配主要承担者

灾难发生后，除了政府应急部门进行应急物资筹集、预测、调度和配送外，来自全国各地的非政府组织、企业等也参与其中，因此在受灾点区域，不同地域的物资分配工作可能由不同的机构承担。

（6）道路风险

道路风险在应急物资调度中扮演着关键角色。地震发生后，选择风险较高的道路进行物资运输不仅可能对调度人员和物资本身造成二次损害，还可能降低配送效率，进而影响灾民的满意度。然而，某些风险较大的道路可能由于距离短，能够缩短调度时间，这在一定程度上也可能提升灾民的满意度。因此，本章将综合考虑道路风险与灾民满意度之间的相互关系，以确保方案是在安全的前提下提高物资配送效率和灾民满意度的最优调度方案。

（7）调度车辆运力

调度车辆的运力会影响应急物资的调度运输数量，通常来讲运力大的车辆调度的物资量大，容易满足灾民需求，然而运力大的车辆往往对道路通行量的要求比较高，没有小型车辆灵活。因此，本章将调度车辆运力作为属性指标之一。

7.1.3.2 决策变量

震灾的应急救援工作是以人为本的救援，因此，在非决定性信息系统的应急物资调度优化模型的构建方面，本小节选取灾民满意度为决策变量，即不同应急阶段每个受灾点的灾民平均满意度。

7.1.4 模型数学表达与算法

非决定性信息系统（NIS）Φ 如下所示：

$$\Phi = (OB, AT, \{VAL_A \mid A \in AT\}, g),$$

$$g:OB \times AT \to P(\cup_{A \in T} VAL_A) \ (a \ power \ set \ of \ \cup_{A \in T} VAL_A)_\circ$$

每个集合 $g(x, A)$ 是一个存在缺失值的集合，尤其是当某一个值完全未知时，$g(x, A)$ 等价为 VAL_A，该值被称为 Null 值或缺失值。我们通常用表格表示这个 Φ。

7.1.4.1 传统的 DIS Apriori 算法

Apriori 算法作为数据挖掘十大经典算法之一，在挖掘布尔关联规则频繁项集的算法中是最有影响的。该算法因应用了频繁项集性质的先验知识而得名。

Apriori 使用逐层搜索的迭代方法，k - 项集用于探索 $(k + 1)$ 项集。首先，找出频繁 1 - 项集的集合。该集合记作 $L1$。$L1$ 用于找候选 2 - 项集的集合 $C2$，再根据支持度找到频繁 2 - 项集。而 $L2$ 用于找 $C3$，$C3$ 用于找 $L3$，这样一直找下去，直到不能找到频繁 k - 项集。每找一个 Lk 都需要进行一次数据库扫描。所以这样的算法效率较低，为提高频繁项集逐层产生的效率，使用 Apriori 性质，对搜索空间进行压缩。对于一个决策性信息系统 Φ，我们对决策属性 $DEC = \{Dec\}$、α 和 β 进行适当调整，进而得到条件 x。

7.1.4.2　改进的 NIS Apriori 算法

为了实现上述部分的低值系统（lower system）和高值系统（upper system），本小节调整了传统算法，用最小支持度（minsupp）和最小精度（minacc）替换一般支持度（support）和一般精度（accuracy），而对于低值系统，将最大支持度（maxsupp）和最大精度（maxacc）替代一般支持度和一般精度。因此，我们所描述的 NIS Apriori 算法由两部分组成，分别为低值系统和高值系统的构造。改进算法的主要思想是通过编程计算出所有可能推导的决策信息系统的最大最小支持度（maxsupp，minsupp）和最大最小精度（maxacc，minacc），对于确定性规则的挖掘，只要最小支持度和最小精度满足参数设定条件即可，而改进算法的规则是其最大支持度和最大精度满足参数设定条件，即视其为可能存在的关联规则。

7.1.5　算例分析

2011 年 3 月 11 日日本当地时间 14 时 46 分，日本东北部海域发生里氏 9.0 级地震并引发海啸，地震震中位于宫城县以东太平洋海域，震源深度为海下 10 千米。东京有强烈震感，地震引发的海啸影响到太平洋沿岸的大部分地区。地震造成日本福岛第一核电站 1~4 号机组发生核泄漏事故。2011 年 4 月 1 日，日本内阁会议决定将此次地震称为"东日本大地震"。日本全国 15 894 人因东日本大地震遇难。地震过去将近 5 年，仍有 2561 人下落不明。随着时间的推移，发现的遗体和遗留品越来越少，但出现大批遇难者的岩手、宫城、福岛三县的警方今后将继续展开搜寻。下午 3 点 14 分，日本当地震灾应急总部、国土资源部、基础设施和运输部等相关部门就此次震灾应急物资调度方案和对策进行研究和算法和部署。属性变量和决策变量如表 7-1 所示。

根据改进的适用于非决定性信息系统的 NIS-Apriori 算法，在 SQL 的编程环境下，表 7-2 进行不同支持度和精度下的关联性推导（本算例设置支持度 $\alpha = 0.2$、精度 $\beta = 0.6$）。将表 7-2 转换成 CSV 格式后导入 SQL 数据库，再转换成 nrdf 格式文件［命名为 nrdf（emergency_test）］。

基于改进的 NIS Apriori 算法得到的规则界面如图 7-2 所示。如图 7-3、

表 7-1 属性变量和决策变量

类别		指标	定义			
			应急初期（initial）	应急中期（middle）	应急后期（last）	
属性变量		（1）应急阶段				
		（2）调度时间	1～30 分钟：short	31～60 分钟：mid1	61～90 分钟：mid2	≥90 分钟：long
		（3）避难所人数	0～300 人：few	301～500 人：mid1	501～1000 人：mid2	≥1001 人：many
	灾民特性	（4）男女比例	0～0.9：1	0.91～1.09：2	≥1.1：3	
		（5）老龄化率	0～30%：1	31%～40%：2	41%～50%：3	≥51%：4
		（6）儿童比例	0～30%：1	31%～40%：2	41%～50%：3	≥51%：4
		（7）就业率	0～30%：1	31%～40%：2	41%～50%：3	≥51%：4
		（8）调度车辆运力	0～1 吨：1	1～4 吨：2	4～8 吨：3	≥8 吨：4
		（9）道路风险	高风险：high	中风险：mid	低风险：low	
决策变量		（10）灾民满意度	高：high	中：mid	低：low	

表7-2　基于灾民特性的调度数据

| 案例 | 应急阶段 | 调度时间 | 属性变量 | | | | | | 道路风险 | 决策变量 |
| | | | 灾民特性 | | | | | 调度车辆 | | 灾民满意度 |
			避难所人数	男女比例	老龄化率	儿童比例	就业率	运力		
1	initial	short	few	3	1	—	2	2	low	high
2	mid	mid2	few	1	3	4	4	—	low	high
3	last	short	—	2	4	4	2	1	mid	mid
4	last	mid1	many	2	—	1	4	3	low	high
5	initial	long	mid1	3	2	2	3	4	low	mid
6	last	short	mid1	1	4	3	1	3	mid	high
7	—	short	mid2	2	3	3	1	3	mid	low
8	mid	short	many	1	3	2	3	2	low	low
9	initial	long	—	1	1	1	2	4	mid	low
10	mid	mid1	many	3	—	1	2	—	mid	low
11	initial	mid1	mid2	2	3	4	1	3	high	low
12	—	—	few	3	2	4	4	2	low	high
13	mid	short	mid1	1	2	2	3	4	low	high
14	last	mid2	few	3	3	1	4	1	high	high
15	mid	short	many	2	—	1	1	2	mid	high

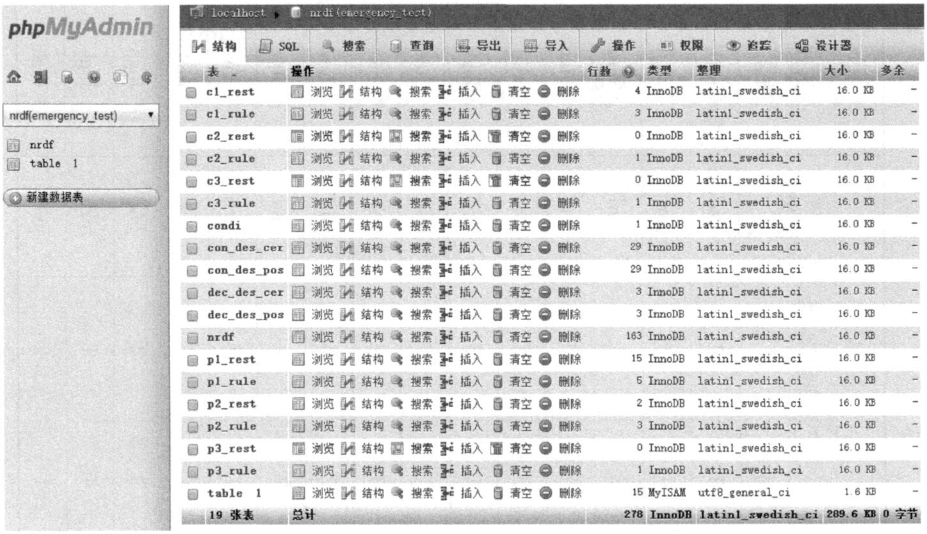

图 7-2 基于改进的 NIS-Apriori 算法得到的规则界面

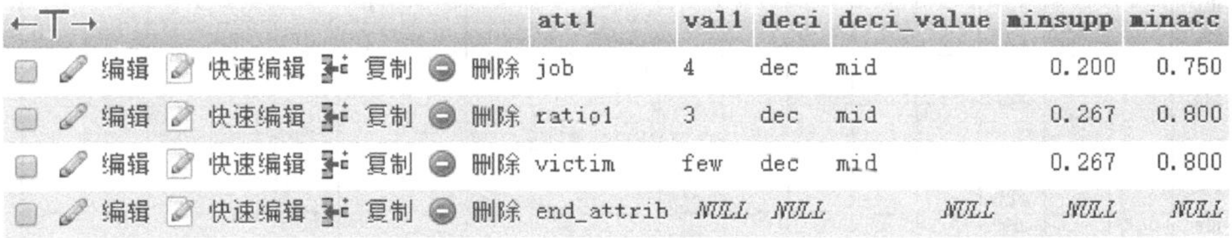

		att1	val1	deci	deci_value	minsupp	minacc
编辑 快速编辑 复制 删除		job	4	dec	mid	0.200	0.750
编辑 快速编辑 复制 删除		ratio1	3	dec	mid	0.267	0.800
编辑 快速编辑 复制 删除		victim	few	dec	mid	0.267	0.800
编辑 快速编辑 复制 删除		end_attrib	*NULL*	*NULL*	*NULL*	*NULL*	*NULL*

图 7-3 确定关联规则

图 7-4 所示，通过改进的算法编程，在支持度 $\alpha = 0.2$、精度 $\beta = 0.6$ 参数设置条件下，我们得到确定关联规则（c1_rule，c2_rule，c3_rule）和可能关联规则（p1_rule，p2_rule，p3_rule）。

图 7-3 为确定关联规则 c1_rule，由图 7-2 可知两条确定规则满足参数设置条件，此算例的确定规则中，当就业率较高（≥51%）时，灾民满意度为中等；当男女比例较大（≥1.1）时，灾民满意度为中等；当避难所人数较少时，灾民满意度为中等。在这些确定规则中，后两者的最小支持度为0.267、最小精度为0.800。由图 7-4 中的可能性规则结论可推测出一些潜在可能的关联规则，为应急物资调度的应急计划献计献策，结果显示，当老

					att1	val1	deci	deci_value	maxsupp	maxacc
☐	✎ 编辑	✎ 快速编辑	ᴣ⁻ᶜ 复制	⊝ 删除	child	4	dec	mid	0.200	0.750
☐	✎ 编辑	✎ 快速编辑	ᴣ⁻ᶜ 复制	⊝ 删除	elder	1	dec	high	0.200	0.750
☐	✎ 编辑	✎ 快速编辑	ᴣ⁻ᶜ 复制	⊝ 删除	job	4	dec	mid	0.200	0.750
☐	✎ 编辑	✎ 快速编辑	ᴣ⁻ᶜ 复制	⊝ 删除	ratio1	3	dec	mid	0.267	0.800
☐	✎ 编辑	✎ 快速编辑	ᴣ⁻ᶜ 复制	⊝ 删除	tool	1	dec	mid	0.200	1.000
☐	✎ 编辑	✎ 快速编辑	ᴣ⁻ᶜ 复制	⊝ 删除	victim	few	dec	mid	0.333	1.000
☐	✎ 编辑	✎ 快速编辑	ᴣ⁻ᶜ 复制	⊝ 删除	victim	mid2	dec	low	0.200	1.000
☐	✎ 编辑	✎ 快速编辑	ᴣ⁻ᶜ 复制	⊝ 删除	end_attrib	NULL	NULL	NULL	NULL	NULL

图 7-4　可能关联规则

龄化率 ≤ 30% 时，可能会有较高的灾民满意度，其中最大支持度达到 0.200，最大精度达到 0.750，而从避难所人数来看，当 ≤ 300 人时，灾民满意度中等，最大支持度达到 0.333，最大精度达到 1.000；避难所人数在 501～1000 人时，灾民满意度最低，最大支持度达到 0.200，最大精度达到 1.000。这说明老年人比例较少时，灾民的要求较容易满足，满意度较高，因此在今后的应急物资调度过程中，要着重关注老年人的比例，有针对性地给予老年人更多的关照以增加灾民整体满意度。而避难所人数的增加可能会导致灾民满意度降低，可能是由于避难所人数多，对应急物资的种类、数量及调度难度要求都有所增加，而导致满意度降低。

通过待预测案例可知（表 7-3），男女比例信息缺失，避难所人数为 0～300 人，通过确定性规则可知，此次震灾中各县的避难所人数为 0～300 人时，满意度可能是中等，值得注意的是，我们所预测的决策变量依赖特定震后应急救援数据，这些数据涵盖了应急初期和中后期的信息。由于这些数据既具有时间序列上的相关性，也展现出一致性，它们为预测提供了基础性和经验性的支撑。然而，由于震灾的特性和国家体制的差异，每次预测的结果可能会因所选属性变量的不同而有所差异。因此，对于未来的灾情信息，尤其是缺失数据的处理，需要依据具体情况进行有针对性的分析，并提出定制化的建议。

表 7-3　待预测案例

应急阶段	调度时间	避难所人数	男女比例	老龄化率	儿童比例	就业率	调度车辆运力	道路风险	灾民满意度
mid	mid	few	—	1	2	2	3	low	—

7.2 基于工作绩效云预测的应急物资运送指派问题

随着社会的发展，自然灾害、公共卫生事件等突发事件频繁发生，对应急物资的及时、高效运送提出了更高的要求。在这一背景下，运用云预测技术来解决应急物资运送指派问题成为一种新的研究方向。本节将探讨基于工作绩效云预测的应急物资运送指派问题，并详细介绍相关研究方法和应用。

应急物资运送指派问题是指在突发事件中，如何合理、高效地将物资从储备中心运送到需要的地区，以最大限度地满足灾区人民的需求。在这一问题中，工作绩效是一个关键的考量因素，涉及运送车辆的利用率、运送时间等多个方面。云预测技术可以通过大数据分析，提供更精准的物流信息，为解决这一问题提供了新的思路。

7.2.1 指派问题的标准形式

指派问题的标准形式（以人和事为例）：设有 n 个人和 n 件事，已知第 i 人做第 j 事的成本为 $c_{ij}(i,j=1,2,\cdots,n)$，要求一个人和一件事之间有一一对应的指派方案，使完成这 n 件事的总时间最少或效率最高。

一般称矩阵

$$T = (t_{ij})_{n \times n} = \begin{bmatrix} t_{11} & t_{12} & \cdots & t_{1n} \\ t_{21} & t_{22} & \cdots & t_{2n} \\ \vdots & \vdots & \vdots & \vdots \\ t_{n1} & t_{n1} & \cdots & t_{nn} \end{bmatrix}$$

为指派问题的系数矩阵或效率矩阵。为了建立标准指派问题的数学模型，引入 n^2 个 $0-1$ 变量：

$$x_{ij} = \begin{cases} 1, & \text{当指派第 } i \text{ 人去做第 } j \text{ 事时} \\ 0, & \text{当不指派第 } i \text{ 人去做第 } j \text{ 事时} \end{cases} \quad (i,j=1,2,\cdots,n)。$$

这样，指派问题的数学模型可写成

$$\min z = \sum_{i=1}^{n} \sum_{j=1}^{n} c_{ij}x_{ij},$$

$$s.\,t.\begin{cases} \sum_{i=1}^{n} x_{ij} = 1 & j = 1,2,\cdots,n \\[2mm] \sum_{j=1}^{n} x_{ij} = 1 & i = 1,2,\cdots,n \\[2mm] x_{ij} = 0 \text{ 或 } 1 & i,j = 1,2,\cdots,n \end{cases}。$$

对于其他人数和事件数量不相等情况，即一个人可以做几件事、某事一定不能由某人去做等非标准指派问题，通常的处理方法是将它们转化为标准形式，然后按标准指派问题进行求解。

7.2.2　工作绩效云预测的指派问题

传统的标准指派问题建立的前提是假设任务完成的效率矩阵完全精确、已知，而在实际的生产工作中，当进行工作任务指派时，任务完成的时间通常无法精准确定，因而任务完成的效率矩阵就是不确定的。在生产中通常拥有员工完成以往任务的工作时间效率记录，因此基于以往工作绩效来对未来工作效率进行预测具有重要的现实意义。本书任务指派问题的求解主要分成两个步骤：

（1）工作绩效的云预测

①根据任务完成记录数据，通过逆向云发生器，计算人员完成各项任务所需时间的数字特征值 Ex、En、He。

②根据各项任务所需时间的数字特征值，通过正向云发生器产生各项任务一定数量的云滴，对于每项任务，取这些云滴的均值，作为任务的工作绩效。

（2）求解任务指派问题

①基于步骤（1）的效率矩阵，将指派问题转化为标准指派问题。

②利用匈牙利法求解标准指派问题，得到最优指派方案。

7.2.3　算例分析

现要完成一个包含 8 项任务的项目，要从 10 辆运输车辆中选派 8 辆去完成该项目，每辆运输车最多安排一项任务，目前有运输车辆完成每项任务的历史工作记录，历史工作的次数为 8～10 次。

表 7-4 给出了运输车辆 1 完成各项任务的历史工作记录，其中任务 1、任务 4 和任务 8 有 10 次调度记录，任务 3、任务 5 和任务 7 有 9 次调度记

录，任务2有8次调度记录，任务6有7次调度记录。其他9辆运输车的工作记录因篇幅关系不一一列出。

表7-4 运输车辆1完成各项任务的历史工作记录

类别	记录1	记录2	记录3	记录4	记录5	记录6	记录7	记录8	记录9	记录10
任务1	26	35	28	29	33	40	28	31	29	23
任务2	43	45	40	43	44	43	43	39		
任务3	16	17	23	22	30	19	21	28	22	
任务4	38	39	42	40	41	40	39	41	42	40
任务5	12	13	19	17	22	21	18	25	24	
任务6	27	26	28	29	27	25	26			
任务7	32	34	31	33	31	35	32	30	32	
任务8	40	41	42	38	41	38	42	40	42	41

根据运输车辆的历史工作记录，先后通过逆向云发生器和正向云发生器得到车辆完成每项调度任务的云图，这里所生成云图的云滴数为2000。图7-5给出了运输车辆1完成8项调度任务所需时间云图。

对运输车辆完成每项任务的云滴求均值，得到预测的10辆运输车分别完成8项任务的效率矩阵，如表7-5所示。因此，通过匈牙利法求解得到该问题的最优指派方案，其中车辆6和车辆7不安排任务，其他运输车每辆完成一项任务，最优指派方案如表7-6所示。

表7-5 指派问题的效率矩阵

类别	任务1	任务2	任务3	任务4	任务5	任务6	任务7	任务8
车辆1	30.15	42.29	22.15	40.24	18.97	26.82	32.17	40.53
车辆2	27.32	45.23	23.15	39.87	17.35	19.92	30.12	40.32
车辆3	32.11	44.32	19.68	37.01	21.01	25.42	29.98	39.93
车辆4	28.90	43.32	18.53	39.43	18.02	30.52	33.02	38.30
车辆5	26.54	45.56	20.02	39.96	19.24	26.03	34.04	35.23
车辆6	28.01	46.78	21.43	37.78	21.02	28.89	43.25	42.02
车辆7	29.89	42.32	22.34	41.02	23.32	31.02	35.45	44.02
车辆8	32.14	43.13	19.01	40.82	20.81	18.98	32.14	44.08
车辆9	30.96	44.15	20.32	41.14	19.98	28.89	34.45	35.01
车辆10	29.89	42.54	21.10	42.09	18.78	27.67	29.09	39.89

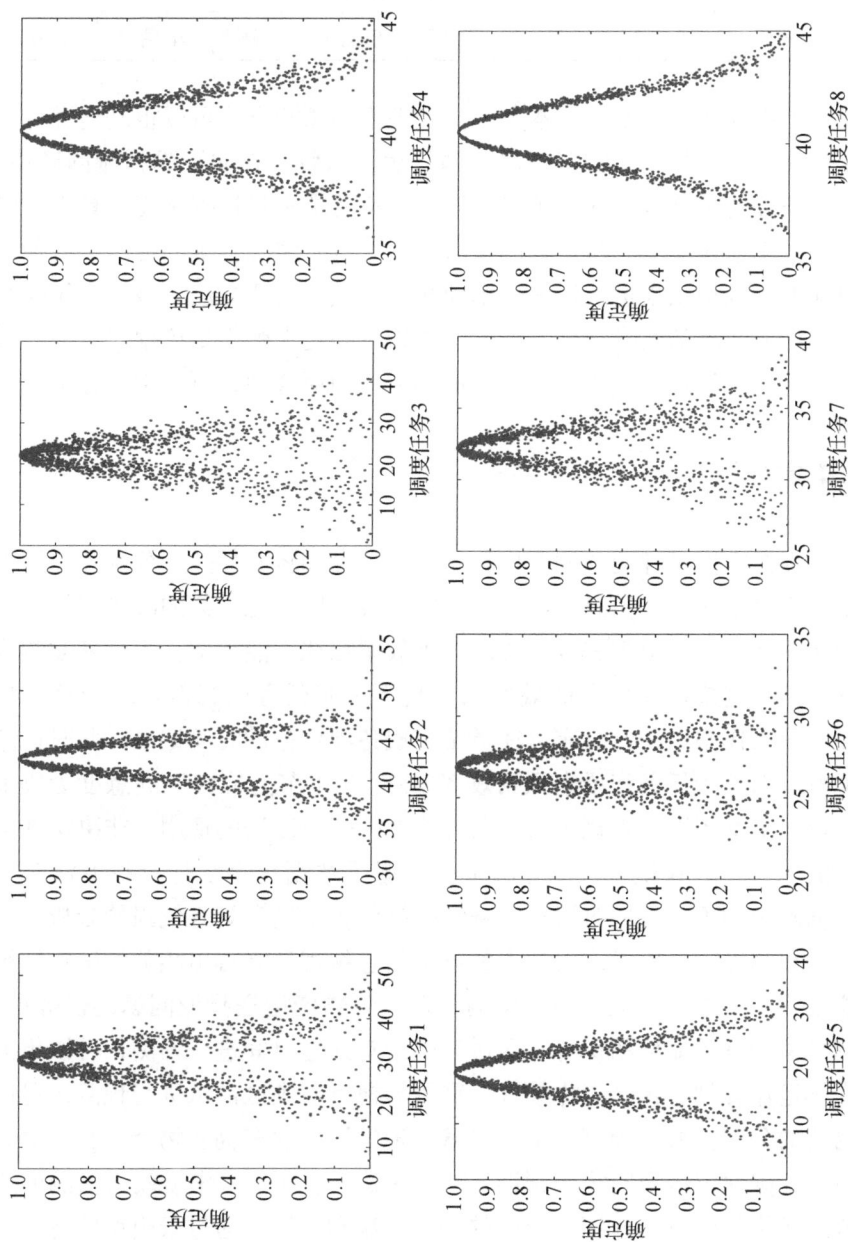

图 7-5　运输车辆 1 完成 8 项调度任务所需时间云图

表 7-6 最优指派方案

任务	任务1	任务2	任务3	任务4	任务5	任务6	任务7	任务8
车辆	车辆5	车辆1	车辆4	车辆3	车辆2	车辆8	车辆10	车辆9

通过上面算例可以看出，本书基于云理论的预测方法可以很好地进行任务指派效率矩阵的预测，实现指派问题的优化求解。在实际的指派问题中，员工完成任务的精确效率往往不能得知，决策者常常是根据调度工具完成以往任务的效率来实现下一步任务的指派。基于这一情况，本书提出了一种根据历史任务完成记录来进行调度效率预测的云模型预测方法，该方法能够有效地得到指派问题的效率矩阵，为下一步指派问题求解提供依据。本书的方法简便易行，对管理者优化任务安排提供了一种更合理、更科学的方法。

7.3 本章小结

本章根据突发事件应急调度优化的主要目标和核心任务，分别考虑了工作效率矩阵及模糊灾情信息不同条件下的应急调度优化方案的决策问题。在实际的指派问题中，员工完成任务的精确效率往往不能得知，决策者常常是根据调度工具完成以往任务的效率来实现下一步任务的指派。基于这一情况，在实际工作中，经常会有以往员工完成各项任务的时间记录，此时任务的分配就可以基于任务记录来预测效率矩阵。7.1节选取灾民满意度为决策变量，提出了基于数据挖掘十大经典算法之一——改进的适用于非决定性信息系统的 NIS-Apriori 模型，该方法不仅克服了数据挖掘统计分析方法对数值型数据限制的不足，同时对不完备和模糊的灾情信息具有较强的分析能力和可靠的预测性，所以可以对缺失的灾情信息编程计算得出相关的确定规则和可能规则并对未知的案例进行预测。在应急物资运送指派问题的研究中，云预测模型带来了显著的优势。通过云模型对运送时间进行预测，可以更准确地安排运输计划，提高工作绩效。利用云模型对灾区需求进行预测，可以优化物资的分配。根据预测结果，能够合理配置运输车辆和物资种类，提高运送效率，确保灾区及时得到帮助。7.2节探讨了基于工作绩效云预测的应急物资运送指派问题，介绍了相应的研究方法和应用。通过云模型的建立与应用，可以更好地应对突发事件，提高应急物资运送的效率与准确性。这一研究为应急管理领域提供了新的思路和技术支持，具有广泛的应用前景。

第 8 章　应急物资调度优化
有效途径的机制探究

8.1　基于合作博弈理论的应急物资调度协同机制探究

8.1.1　应急物流协同

有效的应急物流协同可极大提高灾后人道主义救援的效率和效益。本章在回顾相关研究文献的基础上，通过构建合作博弈理论模型，讨论了在何种情况下、对于何种组织的协同是人们所期望并可行的问题。应用实例表明，该研究对应急物流中协同机制的应用提供了有价值的参考。

应急物流是应急救援中最重要的工作，其运作模式及效率直接影响着救援工作的成败。在应急物流中，协同机制是决定其能否高效进行的关键因素。实践表明，应急物流协同不仅能消除救援盲区，而且能有效避免救援中的重复工作，为灾后紧急救援决策提供有力支撑。然而，在实际的应急救援过程中，参与者间有效的协同常常由于各自目标、任务和物流能力的不同而难以形成，成为应急救援中亟待研究和解决的问题。随着应急救援在全球灾害救援中的重要性日益凸显，已有一些学者开始对应急物流展开研究，但现有研究多集中于应急物流的概念、面临的挑战及综述性研究。

应急物资调度过程的协同能够在确保减轻灾民痛苦的前提下，提高救援效率和效益，避免各组织进行重复救援工作，造成资源的浪费。这也就意味着在以救助灾民为首要目标的前提下，还需要关注更具体的目标，如节约成本和节省时间等。例如，在灾难爆发初期，时间对于救助生命来说十分宝贵，救援行动结束后，进入恢复和重建阶段，此时成本就将受到重视，随后成本的重要性应该越来越受到重视。对协同的重视应该贯穿整个应急物流中，并且提前进行协同合作，越早对灾难响应做好准备，越能保证灾难响应的有效实施。应急物资调度工作协同示意如图 8-1 所示。

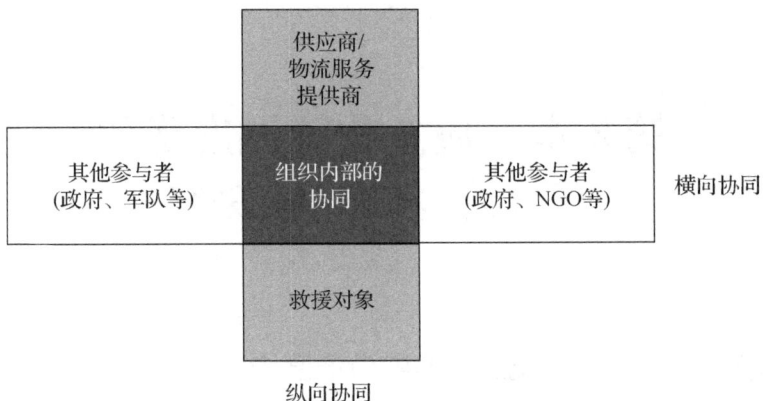

图 8-1 应急物资调度工作协同示意

（资料来源：Barratt，2004）

从一些应急救援实例中可以看出，救援组织参与到灾难救援中，发挥了十分重要的作用。比如，2008 年"5·12"汶川大地震发生后，国际社会纷纷向灾区伸出援手，很多非政府组织和救援队伍参与了震后救援的工作，协助政府开展了有效的救援工作；2011 年"3·11"日本大地震发生后，许多日本民间组织参与到震后救援工作中，为救援工作的快速、有效开展发挥了积极作用。从种种救援实例可以看出，非政府组织参与灾后救援对于减少灾难给灾民带来的痛苦、给社会造成的经济损失都起到了十分积极的作用。而应急物流作为人道救援活动中的核心环节，保障了救援行动中救援队伍的运送、受灾人员的疏散、救援物资的运送，对救援工作提供了有力支持。

然而，从实际的应急物流工作中也发现，直接或间接参与应急物流的团体和个人（包括政府部门、军队、非政府组织、救援物资提供方、自发进行救援的个人等）相互之间及各自内部，存在着缺乏协调与合作的问题，造成物流运作不畅，从而降低了救援行动的效率，无形中增加了救援的成本。在近年来的救援过程中，救援物资不足及物资过剩而遭浪费的情况时有发生。例如，2004 年印度洋海啸过去 5 个月之后还有大约 1/3 的救援物资集装箱滞留在机场海关；2003 年"非典"疫情过后，大量医用物资和药品超过有效期被浪费。2012 年 3 月，一篇题为"地震部分救灾物资四年未开包"的微博引起了网民的热议，尽管事后当地政府回应，未开包物资并非遗弃不用，而是暂存以备不时之需，但此事件仍反映出救援物资管理方面存在漏洞，救援过程中物资短缺和过剩现象同时存在，总是难以物尽其用。

8.1.2　问题描述与假设

针对应急救援中如何有效实现协同及如何激励多方参与协同的问题，首先，本章以 2010 年缅甸遭遇"吉里"热带风暴为例，阐释和剖析了国际应急救援非政府组织——美慈组织和全球物流企业 DHL 之间的合作方式；其次，分析了其如何分配合作成本和收益问题，据此进一步探讨人道救援中合作博弈模型的构建；最后，针对如何有效提高人道主义救援效率和激励更多组织参与人道主义救援大联盟等问题进行总结。

合作博弈论是博弈论的一个分支，研究多个参与者之间如何通过合作来达到最优结果的决策问题。合作博弈论通过研究参与者之间的合作和资源分配问题，可以为应急管理提供决策支持和优化方案，以实现协同行动和资源的最优利用。通过对合作博弈论的分析，可以找到一种合理的分配方案，使得参与者都能获得一定的收益。本章基于合作博弈论及其在应急管理中的应用做出一些假设：

（1）难民营之间在协同过程中不存在竞争，因为在此情况下，单个难民营从中获取的收益即多个难民营的协同收益。由于不存在竞争，一个组织的收益增加并不会造成另外组织收益的减少，因此符合前文所述的帕累托改进。

（2）根据特定的分配原则，联盟内部的难民营可以通过重新配置资源、分配收益来实现效用转移。从现实的社会经济生活中还可以看出，能够使合作存在、巩固和发展的关键性因素是可转移支付（收益）的存在，因此符合合作博弈研究的基本前提条件。

（3）多个难民营之间的协同收益应大于总成本，否则各成员间不会选择参与协同。物流运输的估算成本是已知数，在此基础上能够明确所选物流企业在人道物流方面的预算。

（4）与物流企业合作的项目是独立项目，因此不存在多物流企业间的协同作用，即各个难民营不会通过参与物流企业合作而获得增效，参与与物流企业合作的各个难民营认为每个物流企业都是孤立的，确保难民营能完全参与其中。

8.1.3　模型构建及符号解释

合作博弈是指博弈方的利益都有所增加，至少是一方利益增加，而其他方的利益不受损害，因而合作博弈的结果必须是帕累托改进。合作博弈的核心问题是结盟和分配，即博弈方如何通过"妥协"方式构成联盟及如何分配联盟产生的合作剩余。

在 N 人博弈中，参与人 $N = \{1,2,\cdots,n\}$ 表示的任意子集 $S(S \in N)$ 称为一个联盟。其中，空集 Φ、全集 N 和单点集 $\{i\}$ 都可以看作联盟。$v(S)$ 是指联盟 S 与联盟 $N-S = \{i \mid i \in N, i \notin S\}$ 的"两人博弈"中 S 可获得的最大效用，$v(S)$ 称为联盟 S 的特征函数。研究规定，$v(\Phi)=0$。根据定义，$v(\{i\})$ 表示局中人 i 与全体其他人博弈时的最大效用值，用 $v(i)$ 表示。用 (N,v) 表示 N 个局中人、特征函数为 v 的合作博弈，其中 v 是定义在 2^N 上的实数映射。一个合适的合作博弈解应该满足效率原则、整体合理性和个体合理性原则，分别如式（8-1）、式（8-2）和式（8-3）所示。

$$\sum_{i \in N} x(i) = v(N); \tag{8-1}$$

$$x(i) \geq v(i), \forall i \in N; \tag{8-2}$$

$$\sum_{i \in S} x(i) \geq v(S), \forall S \subseteq N_\circ \tag{8-3}$$

基于上述 3 个等式的博弈的核心解（core）最早由 D. B. Gillies 于 1959 年提出：

$$C(v):\{x \in R^n \mid \sum_{i \in N} x(i) = v(N), and \sum_{i \in S} x(i) \geq v(S), \forall S \subset N\}_\circ$$

$$\tag{8-4}$$

8.1.4　案例验证

2008 年 5 月 15 日，DHL 全球货运物流昆明分公司与成都分公司通力合作，将 50 件帐篷从昆明运送至成都。2008 年 5 月 16 日，DHL 全球货运物流武汉分公司与成都分公司合作，将 5000 千米光纤运送至成都。2008 年 5 月 21 日，DHL 全球货运物流苏州分公司、上海分公司、成都分公司通力合作，将 6 箱捐赠到成都慈善基金会的药品从苏州运送到成都。2008 年 5 月 24 日、25 日，DHL 全球货运物流上海分公司与成都分公司合作，在接到运送需求后的第一时间将包括 1000 件帐篷、3000 个防潮垫在内的大货量救灾物资从上海运送到成都。DHL 全球货运物流发挥其全国网络的优势，在第一时间通过全国各地的站点，将救灾物资运送至受灾地区。

在此次人道救援行动中，美慈组织和 DHL 之间的合作引发两个主要问题：第一，是什么因素促使这种合作方式如此成功？第二，这种合作方式是否改变了救援物资配送难问题？如果是，这种合作方式是如何提升救援物资配送效率的？基于此案例，本书采用一种探究性研究方法分析并回答了上述问题。

我们假设当 S 中的成员决定合作并形成一个联盟时，他们将采用同一个物流系统并且彼此共享物流信息。其间会存在一些由于联盟而产生的管理运行成本，我们将它分为两类：①非协同部分是物资分配成本等；②协同部分是重复分配救济物资成本等。协同部分与非协同部分定义如表 8-1 所示。

表 8-1 协同部分与非协同部分定义

类别		符号	举例
联盟 S 中的一次性总成本		$c_s^l(S)$，$c_c^l(S)$	创立成本、需求预测、数据报告、供应链管理
在联盟 S 中难民营 i 单独运行成本	非协同部分	$c_s^{ns}(i,S)$，$c_c^{ns}(i,S)$	物资分配成本、供需不平衡成本
	协同部分	$c_s^s(i,S)$，$c_c^s(i,S)$	重复分配救济物资成本

基于上述问题，我们用合作博弈模型 (N,v) 来进行定义，首先设置包含所有局中人的集合 N，为此次博弈中所有难民营的集合。N 被称为大联盟（grand coalition），每个 N 的子集 S 被称为子联盟（sub-coalition）。如上所述，$v(S)$ 表示联盟 S 独立运行时的总成本，即 $v(S) = \min\{v_c(S), v_s(S)\}$。

其中，$C_c(N)$ 表示美慈组织与物流企业合作的成本；$C_s(N)$ 表示美慈组织。对于大联盟 N，我们假设在与物流企业合作时总成本较低，做出此假设是因为此研究的目的是理解协同机制的运用并激励整个系统通过协同参与到与物流企业合作中来。此外，每个局中人需承担的成本取决于其所分配到的成本 $c_i^l(N)$。每个个体难民营产生的总成本，即建立成本和随后的运行成本的总和。数学上，用 $\{x^i, i \in N\}$ 表示一次性总成本的分配。

该条件保证了在大联盟中没有一个子联盟的成本比其单独运行时的成本 $v(S)$ 高。前面提到的式（6-1）和式（6-2）定义了博弈 (N,v) 的核，即在合作博弈理论中对于成本分配机制广泛接受的公平的概念。我们下面所述的定理说明，在所建立的博弈模型中如果存在充分的协同效应，那么核分配一定可以确保存在。

定理： 当满足以下条件时，博弈 (N, v) 的核分配可以保证存在，即

$$v_s(S_1) - v_c(S_1) \leqslant v_s(S_2) - v_c(S_2) \quad \forall S_1 \subset S_2;$$

$$c_s^l(S) + \sum_{i \in S} c_s^s(i, S) \text{ 和 } c_c^l(S) + \sum_{i \in S} c_c^s(i, S) \text{ 都是子函数。}$$

显而易见，从上述定理中可以看出对于一些大联盟而言，从自营物流模式转换到与物流企业合作模式节省的成本更多。子函数可以定义为

$$f(S_2 \cup \{i\}) - f(S_2) \geqslant f(S_1 \cup \{i\}) - f(S_1) \quad \forall S_1 \subset S_2 \quad \forall j \notin S_2。$$

因此，根据定理中的第二个式子可知两种不同物流方式下的协同符合"雪球效应"，即当一个新成员加入较大的联盟会引起较大的协同，这样便更大程度地激励了大联盟的协同。为了证明这个结果，我们有必要证明此部分所定义的博弈 (N, v) 是凹的，因为凹博弈的核是非空的。

证明： 首先，我们假定每个难民营非协同部分的运行成本都独立于 i 个局中人参与的联盟 S，$\sum_{i \in S} c_s^{ns}(i, S)$ 和 $\sum_{i \in S} c_c^{ns}(i, S)$ 都是子函数。因此显而易见，根据定理中的第二个式子，v_e 和 v_s 也都是子函数。对特征函数 $v(S) = \min\{v_c(S), v_s(S)\}$ 进行以下情况讨论，假定集合 $S_1 \in S_2$ 并且 $i \notin S_2$。

情况 1 当与物流企业合作时，S_1 联盟的运营成本较低时，$v(S_1) = v_c(S_1)$。

显而易见，此情况同样适用于集合 $S_1 \cup \{i\}$、S_2 和 $S_2 \cup \{i\}$。因此可以得出

$$v(S_1 \cup \{i\}) - v(S_1) - [v(S_2 \cup \{i\}) - v(S_2)]$$
$$= v_c(S_1 \cup \{i\}) - v_c(S_1) - [v_c(S_2 \cup \{i\}) - v_c(S_2)] \geqslant 0。$$

情况 2 当自营配送对于 S_1 成本较低 $[v(S_1) = v_s(S_1)]$，而与物流企业合作对于集合 $S_1 \cup \{i\}$ 成本较低时，根据定理中的第一个式子可知采用物流企业对于 $S_2 \cup \{i\}$ 一定成本较低。联盟 S_2 无法确定，分类进行讨论。

讨论 1 如果采用与物流企业合作方式对于 S_2 成本较低，那么，

$$v(S_1 \cup \{i\}) - v(S_1) - [v(S_2 \cup \{i\}) - v(S_2)] = v_c(S_1 \cup \{i\}) -$$
$$[v_s(S_1) - v_c(S_2 \cup \{i\}) - v_c(S_2)] \geqslant v_c(S_1 \cup \{i\}) - v_c(S_1) -$$
$$[v_c(S_2 \cup \{i\}) - v_c(S_2)] \geqslant 0。$$

讨论 2 如果采用自营物流方式对于 S_2 成本较低，又因 $v_c(S_1 \cup \{i\}) -$

$v(S_1) = v_c(S_1) - v_s(S_1) + [v_c(S_1 \cup \{i\}) - v_c(S_1)]$，因此很容易可以得出
$v(S_1 \cup \{i\}) - v(S_1) - [v(S_2 \cup \{i\}) - v(S_2)] = v_c(S_1 \cup \{i\}) - v_s(S_1) + [v_c(S_2 \cup \{i\}) - v_s(S_2)] = \{v_c(S_1) - v_s(S_1) - [v_c(S_2) - v_s(S_2)]\} + \{v_c(S_1 \cup \{i\}) - v_c(S_1) - [v_c(S_2 \cup \{i\}) - v_c(S_2)]\} \geqslant 0$。

情况 3 当自营物流对于 S_1、$S_1 \cup \{i\}$ 成本较低而采用物流企业对于 $S_2 \cup \{i\}$ 成本较低时，针对哪种物流方式对于 S_2 成本较低需要进行以下讨论。

讨论 1 如果采用物流企业对于 S_2 成本较低，那么根据定理我们知道 $v_s(S_1) - v_c(S_1) \leqslant v_s(S_1 \cup \{i\}) - v_c(S_1 \cup \{i\})$。因此，$v(S_1 \cup \{i\}) - v(S_1) - [v(S_2 \cup \{i\}) - v(S_2)] \leqslant v_s(S_1 \cup \{i\}) - v_s(S_1) - [v_c(S_2 \cup \{i\}) - v_c(S_2)] \geqslant v_c(S_1 \cup \{i\}) - v_c(S_1) - [v_c(S_2 \cup \{i\}) - v_c(S_2)] \geqslant 0$。

讨论 2 如果自营物流对于 S_2 成本较低，则
$$v(S_1 \cup \{i\}) - v(S_1) - [v(S_2 \cup \{i\} - v(S_2)] = v_s(S_1 \cup \{i\}) - v_s(S_1) - [v_c(S_2 \cup \{i\}) - v_c(S_2)] \geqslant v_s(S_1 \cup \{i\}) - v_s(S_1) - [v_s(S_2 \cup \{i\} - v_s(S_2)] \geqslant 0$$。

情况 4 当自营物流对于联盟 $S_2 \cup \{i\}$ 成本较低时，根据公式 1，我们可知同样适用于其他 3 种联盟。因此，$v(S_1 \cup \{i\}) - v(S_1) - [v(S_2 \cup \{i\}) - v(S_2)] = v_s(S_1 \cup \{i\}) - v_s(S_1) - [v_c(S_2 \cup \{i\} - v_c)] v_s(S_1 \cup \{i\}) - v_s(S_1) - [v_c(S_2 \cup \{i\}) - v_c(S_2)] \geqslant 0$。

为了运用关于凹博弈存在的结果，我们需要做一些转变。因此，定义一个新博弈 (N, v')，其中，
$$\forall S \subset N, v'(S) = v(S) - \sum_{i \in S} c_c^{ns}(i, N) - \sum_{i \in S} c_c^s(i, N)。$$

在此次博弈中，可以得到 $\sum_{i \in S} x^i \leqslant v'(S)$。我们可知 v' 同样是子函数，因为对于 $\forall S \subset N$，都有
$v'(S \cup \{i\}) - v'(S) = v(S \cup \{i\}) - v(S) - [c_c^{ns}(i, N) + c_c^s(i, N)]$。

这样，则 $v'(S_1 \cup \{i\}) - v'(S_1) - [v'(S_2 \cup \{i\}) - v'(S_2)] = v(S \cup \{i\}) - v(S) - [v(T \cup \{i\} - v(T))] \geqslant 0$。

也就是说，任意参与者对一个联盟的边际贡献，都比对一个更大联盟的边际贡献大。因此，该博弈具备凹博弈非常好的特性，我们知道 (N, v') 核非空，根据文献可知 (N, v) 核也非空。部分研究表明：风暴和地震或地质灾害之间存在一定的关联。例如，孟加拉国在 20 世纪曾发生过两次特大风暴潮，其与滇缅地区 7 级以上地震存在一定相关性。在"吉里"风暴中，

DHL 的物流运输给美慈组织的应急救援带来了极大优势，产生这种优势的基础是其积极合作促进了地质灾害发生后各难民营主动参与应急物流协同，进而产生了协同剩余（总收益大于其单独运行的总成本），增加了应急物流整体收益，提高了救援效率。

  本节运用所提出的合作博弈模型来分析此案例。首先，将上述成本如表 8-1 所示分为 3 类，对于每个联盟 S，具有建立联盟一次性支付成本、协同和非协同下的运行成本；其次，假设在若开邦附近有 10 个难民营形成的子联盟 S_{center} ，而其他由较远难民营组成的联盟为 N/S_{center} 。在此案例中，对于博弈 (N, v)，当 S_{center} 和 N/S_{center} 分别倾向于物流外包和自营物流方式时，核分配不存在，也就是当出现 $v(S_{center}) = v_c(S_{center})$ 、$v(N/S_{center}) = v_s(N/S_{center})$ 时，并且这种情况非常有可能发生，因距离较近并且人口密度较高的难民营（如 S_{center} ）在与物流企业合作时，无疑能节省较多运行成本。然而，对于外围的在 N/S_{center} 内的难民营，由于其较小面积和较大距离的劣势而需承担高额的建立成本，因此其从物流外包中获取的利益较小或不能获益。可见，如果让难民营 N/S_{center} 采用物流外包方式，必须要有额外的补贴才能满足分配给 N/S_{center} 的建立成本小于实际成本的要求。否则，N/S_{center} 因距离较远，不仅不能因其参与到大联盟中得到额外收益，反而会因为建立成本增加而带来更多的支付成本。

8.2 基于占线路径的应急物资调度优化模型

8.2.1 占线优化及竞争比概述

  占线优化方法是一种在决策者对未来因素的变化有限预知甚至一无所知的情况下，寻找一个较好方案的方法。它的目标是使得所选择的方案与最优方案之间的差异保持在一定的比例之内。占线优化方法是一种在调度问题中常用的策略，旨在最大限度地减少任务的等待时间和执行时间。在应急管理和物资调度中，占线优化方法可以应用于优化资源的分配和调度，以提高应急响应的效率和减少响应时间。在占线优化方法中，决策者通常面临不确定性和风险，无法准确预测未来的变化。因此，他们需要制定一种策略，以应对可能发生的变化，并在不同情况下都能够获得较好的结果。占线优化方法的关键是在不确定性条件下进行灵活的决策。决策者需要考虑不同的可能性，并制定相应的策略来适应不同的情况。这种方法通常涉及灵活的资源分配、调度和决策规则，以应对可能的变化和风险。在物资调度中，占线优化方法可以用于确定最佳的物资分配方案和调度策略。通过优化占线路径，可以最大限度地减少物资等待时间和运输时间，提高物资调度的效率和响应能力[62]。

Sleator 等[63]首先提出了竞争比分析的概念。竞争比是一种用于衡量算法效率的指标，它比较了算法在最坏情况下的运行时间与最优算法在同一情况下的运行时间之间的比值。竞争比越小，意味着算法在各种情况下都更加高效。在应急管理中，竞争比分析可以用于评估不同的应急响应算法或策略的效率。通过比较算法的竞争比，可以确定哪种算法在最坏情况下具有更好的性能，从而指导应急管理决策和资源分配。

令 $\mathrm{cost}_A(I)$ 表示策略 A 在处理问题实例 I 时产生的费用。定义策略 A 对于费用问题 P 的竞争比如下：

$$\inf\{c \mid \mathrm{cost}_A \leq c \cdot \mathrm{cost}_B(I), \forall I \in P, \forall B\}。$$

近十几年来运用"占线理论"来研究经济管理问题已经成为一个热点研究方向，如占线外汇兑换问题、占线证券组合投资问题、占线拍卖问题、占线租赁问题、占线更新问题和其他经济管理问题等。

所谓离线问题，通常是指决策者在一定的已知（静态）条件下寻求最优方案或在一定的假设下寻求统计意义上的最优方案。对于这种问题主要运用传统的优化理论进行求解，如果条件发生变化，这些方法给出的最优解将会失去其最优性。对于部分不确定性的因素，可以用传统的优化方法：一是将变化的影响因素随机化，假设其服从某种概率分布（如正态分布），然后寻求统计意义上的最优解；二是考虑可变因素的最坏情况，寻求最坏情况发生时的最优方案。这两种优化方法对可变因素的每一个特例都可能给出与最优解相距甚远的解，这很难满足现实生活的需要。那么会不会存在另一种优化方法，它在可变因素的每一个特例中都能给出一个具体方案，使得这一方案求出的解与最优解之间总保持在一定的比例之内呢？近年来兴起的占线优化方法与竞争策略的研究成果在一定意义上给如上问题一个肯定的答案。

所谓占线问题，是指决策者在对未来因素的变化有限预知甚至一无所知的情形下做出判断，给出一个较好的方案，使之与最优方案的差异总在一定的比例之内。占线问题和竞争策略的研究始于 1966 年，当时 Graham[64]首次提出使用竞争分析方法来解决并行机器调度问题。这个问题涉及如何有效地分配并行计算机的资源，以最大化系统的性能和效率。在竞争分析方法中，每个任务被视为一个竞争者，它们争夺有限的计算机资源。通过分析任务之间的竞争关系，可以制定出一种调度策略，以最大限度地减少资源的浪费和任务的等待时间。随着越来越多的经济管理问题面临占线问题，以及计算机科学基础研究的不断发展，占线优化方法已经在经济管理领域引起了广泛关注。占线优化方法主要是针对占线问题提出一些竞争策略，在信息逐步完善的过程中对初始方案进行动态调整，使得最终方案与最优方案的差异总在一定的比例之内。假设问题 P 为一个最小费用求解问题，$R = \{r_1, r_2, r_3, \cdots, r_n\}$ 为 P 的一个输入序列，$C_A(R)$ 是对占线问题 P 所设计的应对策略 A 下对应输入 R 的费用。此时，策略 A 只能在获知 i 时期的输入后给出 i 时期的输出，并对 i 时期以后的输入无法提前预知。$Copt(R)$ 为问题 P 所对应的离线问题在确定输入 R 下的最优解，如果对于任意的输入序列 R 均存在一个常数 α 满足[65]：

$$C_A(R) \leqslant \alpha^* C_{OPT}(R),$$

则称常数 α 为策略 A 的竞争比（Competitive Ratio），占线问题与竞争策略的研究均取得了较好的理论和实践成果，如经典的 K 服务器猜想、雪橇租赁问题，以及目前研究热点物流与金融中的占线问题等。

8.2.2 问题描述与讨论

为了更好地对模型进行描述和理解，模型的构建应满足以下 4 个前提假设：

①由于所有可利用资源由应急决策者分配，因此，所有用于调度的资源种类、数量和分布均可提前获知；

②假设规划期内所有受灾点的动态需求均可根据实时报道、实地调查等信息并采用第四章提出的应急需求预测法获得；

③规划期内，调度车辆完成任务时不返回资源点，每次要调度的物资必须由某个物资配送点发送，并且调度一辆车辆只能满足一次需求；

④假设调度车辆执行每次运输任务只能将资源运抵一个需求点，但可路过不是其目的地的需求点，且各运输路径之间互不影响。

8.2.3 模型构建及符号解释

$$x_{ij} = \begin{cases} 1, 救援车辆经过路段(i,j) \\ 0, 救援车辆不经过路段(i,j) \end{cases}。$$

（1）应急物资调度时间最短

震灾发生初期应急物资需求量巨大，前 72 小时内对于生命财产的抢救极为关键，秉着应急救援就是不惜一切代价抢救生命财产的宗旨，在救援阶段，尤其是应急初期，对于应急物资调度时间的要求较为严格。因此，应在保证应急救援效率的前提下，合理优化调度方式，尽可能地降低应急物资调度时间是本小节追求的另一目标。

在地震灾害发生后，应急救援工作十分紧急，因此时间因素成为十分重要的决策因素之一，在有限时间内如何更大效率地把应急物资运送到受灾民众的手中以拯救更多的生命是灾后最关键的救援目的。计算时间属性如式（8-5）所示：

$$t_{ij} = \frac{d_{ij}k_j^a}{v\sum\limits_{j=1}^{m}k_{ij}^a}。 \tag{8-5}$$

设 t_{ij} 为应急物资从节点 i 到节点 j 的调度时间；d_{ij} 表示节点 i 到节点 j 的道路边权；v 表示调度车辆的行驶速度；k_j 表示节点 j 的连接度；$\sum\limits_{j=1}^{m}k_{ij}$ 表示与节点 i 相连的节点的度值总和；a 表示某种应急物资。对于时间因素，其运算服从加法法则，n 为应急物资调度网络中的节点总数，则基于时间因素的目标函数为

$$\min T = \sum_{i=1}^{n}\sum_{j=1}^{n}t_{ij}x_{ij}。$$

（2）道路风险因素最小

在实际应急救援资源调度中，往往单纯地追求物资调度时间最短或救援方单方面认为的应急救援效益最大化，近几年来我国失败的应急案例时有发生，在应急救援初期为了在最短的时间内不计一切代价地营救受灾民众，忽视了营救人员的风险，进而造成二度损失。因此，在构建应急救援资源调度优化模型前，需对所涉及的应急救援风险进行定义。

由于在救援的过程中地震灾害还在持续期可能会引发次生灾害，同时可能会对调度路段造成损坏，因此调度车辆在物资调度过程中会有一定的风险。设 P_k 为调度车辆通过第 k 个路段可能会承受的风险，P_{ij} 表示调度车辆从节点 i 到节点 j 发生意外的概率，那么车辆能安全通过的概率为

$$1 - P = (1 - P_1)(1 - P_2)\cdots(1 - P_k)。$$

由于该概率运算服从乘法法则，为了保持与时间属性算法的一致性，对

上述公式两边同时取对数，再乘"-1"得到

$$-\lg(1-P) = -\lg(1-P_1) - \lg(1-P_2) - \cdots - \lg(1-P_k)。$$

因为在车辆路径选择过程中，应使安全通过的概率达到最大，等价于
$-\lg(1-P)$ 达到最小，即当 $-\lg(1-P)$ 达到最小时，调度车辆从物资配送
点到受灾点发生意外的概率 P 也将达到最小，所以基于风险因素的目标函
数可以表示为

$$\min P = \sum_{i=1}^{n} \sum_{j=1}^{n} (-\lg(1-P_{ij})) x_{ij}。$$

（3）成本最低

合理的运输方案能够降低运输成本，而且在紧急状况下，由于运量大、
时间紧等，常常会运力紧张，因此适度地追求经济性目标，能够有效缓解运
力不足的矛盾。当然，因为在救灾的过程中，政治目标高于经济目标，所以
相对于时间因素和风险因素来说，成本因素的重要性较低。设 C_{ij} 为调度车
辆从节点 i 到节点 j 所需的运输成本，则基于成本因素的目标函数为

$$C = \sum_{i=1}^{n} \sum_{j=1}^{n} c_{ij} x_{ij}。$$

由于时间、风险和成本因素是不同量纲的指标，对调度车辆路径选择的
影响也各不相同，因此不能直接相加。所以本书将这3个因素进行无量纲化
处理，把多目标的效用函数转化为单目标的效用函数。设 $T_{\min}$、$P_{\min}$ 和 $C_{\min}$
分别为

$$T = \frac{T_{\min}}{T};$$

$$P = \frac{P_{\min}}{P};$$

$$C = \frac{C_{\min}}{C}。$$

因为希望得出的无量纲指标越小越好，所以需要对这些指标进行进一步
的处理，且它们的权重向量为 $\alpha + \beta + \gamma = 1$，经过处理后可以得出综合的总
效用目标函数：

$$\min F = \min[\alpha(1-T) + \beta(1-P) + \gamma(1-C)]。 \tag{8-6}$$

8.2.4　案例验证

对于一个大型的应急调度系统，它有 k 辆调度车在 n 个应急物资配送点

对 m 个受灾点进行物资调度。当受灾点提出需求时，调度车辆前往受灾点进行物资调度，当下一个需求到来时又将前往下一个受灾点调度物资，那么需考虑如下两个问题：

①事先给定一个要求转运的任务序列，如何优化调度车辆，令其沿着一定的线路按照一定的顺序有效率地将物资从配送点调至受灾点，使得相关的目标函数 F 最小？

②在地震灾害的实际救援过程中，灾情信息是陆续接收到的，这导致调度需求会随灾情信息的动态变化而不断调整。具体来说，每一时刻调度车辆只能根据在此之前收到的任务序列与运送过程的信息来进行调度。在此情景下如何优化调度车辆使总效用值 F 最少呢？

调度车辆转运阶段调度问题的优化目标是所有救援过程的总效用值 F 最小，基于 8.2.1 对占线优化的概述可知，问题①是一个离线调度优化问题，而问题②是一个占线调度优化问题。两者的不同点在于已知的调度需求序列是全部还是局部。问题①的最优解可以用动态规划方法求得，而问题②较为复杂，难以处理。事实上，需求序列对调度方案有至关重要的影响，随着需求的变化，最优调度方案也随之发生变化。

设 $G = (V, E)$ 为一加权无向网络图，其中 V 为顶点集合，E 为边集合，对于 $u, v, w \in V$，边之间的权满足三角不等式，即 $d(u,v) + d(v,w) \geqslant d(u, w)$，$d(x,y)$ 表示顶点为 (x,y) 的边的权。假设有 k 辆救援车辆在顶点 V 的一个子集合上，并且在顶点 V 上分布了 $a_i(a_1, a_2, \cdots, a_n)$ 个受灾点和 $b_j(b_1, b_2, \cdots, b_m)$ 个物资配送点。一个需求 $r = a_i, a_i \in V$，其实际意义为在受灾点有一个需求，即调度一辆救援车辆将 b_j 的物资调度到 n_i 受灾点。一个需求序列 R 由一些需求按先后顺序组成，即 $R = (r_1, r_2, \cdots, r_m)$，其中 $r = a_i, a_i \in V$。占线调度车辆问题是要求在每一个调度需求出现后再决定调度哪一辆车运送物资到受灾点，而对其后可能出现的需求一概不知，由此，我们有以下推导：

对于 $R = (r_1, r_2, \cdots, r_m)$，令 $C_{OPT}(R)$ 为已知需求序列 R 情况下最优调度方案完成 R 中所有需求后救援车辆运行的总效用。如果调度方案 A 对于每一个新到来的需求 r_i 可以不依赖 r_i 以后的需求序列来进行调度，那么称 A 为占线调度方案。对于占线调度方案 A，如果存在与需求序列 R 无关的常数 α 和 β 满足

$$C_A(R) \leqslant \alpha C_{OPT}(R) + \beta,$$

对任意可能出现的需求序列 R 都成立，则称 A 为竞争算法，其中 $C_A(R)$ 为完成需求序列 R 后，调度方案 A 的总效用 F，即所对应的离线问题在确定输入 R 情况下的最优解。对于需求 $r_i = a_i$，调度一辆救援车辆到达受灾点的过程为实载；而调动这辆救援车辆到达物资配送点的过程为空载。

下面讨论应急救援车辆 k 不同情况下调度方案设计。

引理 令 $R = (r_1, r_2, \cdots, r_m)$ 为任一已知需求序列，$r_i = a_i$，$C_{OPT}(R)$ 为完成占线需求 R 的总效用最小值，对于每一个受灾点 b_j 物资调度需求的出现，必能找到一个距离 b_j 最近的物资配送点 a_i，令 $f(a_i, b_j)$ 为调度车辆空载从 a_i 到 b_j 的总效用，那么以下不等式成立：

$$\mu \cdot \sum_{j=1}^{n} f(a_i, b_j) \leq C_{OPT}(R) \, 。 \tag{8-7}$$

证明：由 8.2.3 模型构建部分可知，综合效用值 F 与调度时间 T、风险 P 和调度成本 C 3 个因素相关。当调度车辆由物资配送点 a_i 调度物资至受灾点 b_j 的运输成本和风险都大于空载总效用 $f(a_i, b_j)$，那么每完成一项物资需求调度任务的实际总效用必须大于或等于 $\mu \cdot f(a_i, b_j)$，其中 μ 大于 1，所以式（8-3）成立，证毕。下面讨论当调度车辆个数 k 不同情况下的问题调度方案设计。

（1）$|V| = m(k \geq n)$ 之调度方案 A_1

在灾害救援中，我们假设每个受灾点至少需要一辆调度车辆来负责物资调度。如果初始时某些受灾点没有车辆，我们可以通过有限次的车辆移动来重新分配，确保每个点至少有一辆车。这些移动的总效用不会超过一个预设的常数 $n \cdot f_{max}$，即任意两个受灾点间移动的最大效用值。这个常数在评估不同调度策略的竞争比时是固定的，因此不会影响我们对策略效率的比较。

对于需求序列 $R = (r_1, r_2, \cdots, r_n)$，给出如下占线调度车辆救援问题的调度方案 A_1。对于当前需求 r_j，容易找到离 a_i 最近的物资处理场 b_j，由于此时 b_j 处已有调度车辆，将 a_i 的应急物资实载运到 b_j，然后再空载调回到 a_i 点，这样既完成了需求 r_j，又使每个受灾点仍至少有一辆调度车辆，完成 r_j 的综合效用值为 $(u + 1) \cdot f(a_i, b_j)$。

定理 1 调度方案 A_1 的竞争比为 $\left(1 + \dfrac{1}{\mu}\right)$。

【证明】对于任一需求序列 $R = (r_1, r_2, \cdots, r_n)$，完成 R 的任何调度方案 A，由引理知道 $\mu \cdot \sum_{j=1}^{n} f(a_i, b_j) \leq C_{OPT}(R)$，故 $\sum_{j=1}^{n} f(a_i, b_j) \leq \dfrac{1}{\mu} \cdot C_{OPT}(R)$，

对于调度方案 A_1 ,

$$C_{A_1}(R) = (\mu + 1) \sum_{j=1}^{n} f(a_i, b_j) + \beta \leqslant \left(1 + \frac{1}{\mu}\right) C_{OPT}(R) + \beta。$$

式中，β 为在接受任务 r_1 之前使每个顶点至少有一辆调度车辆的总效用值，且小于某个常数。证毕。

（2）$|V| = m(k \geqslant n - s)$ 之调度方案 A_2

假设每个节点至少有一辆调度车辆，那么调度总效用一定小于或等于常数 $(m - n)f_{max}$，这个常数对于竞争比的讨论没有影响。对于调度需求序列 $R = (r_1, r_2, \cdots, r_n)$，给出如下占线调度车辆问题的调度方案 A_2。对于当前需求 $r_j = b_j$ 容易找到离受灾点最近的物资配送点 a_i，由于 b_j 处已有调度车辆，将应急物资运送到受灾点后再空载调回到配送点 a_i。这样既完成了需求，又使每个受灾点仍至少有一辆调度车辆。完成该任务所需费用为 $(\mu + 1)f(a_i, b_j)$。

定理 2　占线调度方案 A_2 的竞争比为 $\left(1 + \frac{1}{\mu}\right)$。

【证明】类似于定理 2 的讨论有 $\mu \cdot \sum_{j=1}^{n} f(a_i, b_j) \leqslant C_{OPT}(R)$，且 $\sum_{i=1}^{m} d(a_i, b_i) \leqslant \frac{1}{\theta} \cdot C_{OPT}(R)$，对方案 A_2，$C_{A_2}(R) = (\theta + 1) \cdot \sum_{i=1}^{m} d(a_i, b_i) + \beta \leqslant \left(1 + \frac{1}{\theta}\right) \cdot C_{OPT}(R) + \beta。$

式中，β 为在接受任务 r_1 之前使所有物资配送点至少有一辆调度车辆所需要的移动路程费用。证毕。

（3）$|V| = m(k < p - n, k < n)$ 之调度方案 A_3

对于有限网络图 $G = (V, E)$ 可以令

$$f_{max} = max \cdot f(v_a, v_b),$$
$$f_{min} = min \cdot f(v_a, v_b), a \neq b, v_a, v_b \in V。$$

记 $\lambda = \dfrac{max \cdot f(v_a, v_b)}{min \cdot f(v_a, v_b)}$，显然 $\lambda \geqslant 1$。

由于 $k < n$，与（1）类似的讨论，可以在运行有限的路程后使得每个物资配送点上没有调度车辆且每个受灾点均不会有超过一辆调度车辆，并且这样移动的总效用一定小于或等于常数 $k \cdot f_{max}$，这个常数对于竞争比的讨论没有影响。

对于调度需求序列 $R = (r_1, r_2, \cdots, r_n)$ ，给出如下占线调度问题的调度方案 A_3 。对于当前的调度需求 r_i ，容易找到离 b_j 最近的物资配送点 a_i 。

①当 b_j 处有调度车辆时，将 b_j 的调度车辆空载运至 a_i ，然后调度车辆实载应急物资运回到 b_j 点，完成 r_i 所需要的需求为 $(\mu + 1)f(a_i, b_j)$ 。

②当 b_j 处无调度车辆时，可选择离 a_i 最近的且有调度车辆的物资配送点（设为 c_i ），将 c_i 的调度车辆空载运至 a_i ，然后调度车辆实载应急物资运到 b_j 点，此种情形下完成 r_i 所需的费用为 $f(c_i, a_i) + \mu \cdot f(a_i, b_j)$ 。

定理 3 调度方案 A_3 的竞争比为 $\dfrac{\lambda}{\mu} + 1$ 。

【证明】类似于定理 2 的讨论有 $\mu \cdot \sum\limits_{j=1}^{n} f(a_i, b_j) \leqslant C_{OPT}(R)$ 。对于调度方案 A_3 的情形①，完成任一个 r_i 的费用最多为 $f(a_i, b_j)$ 的 $(\theta + 1)$ 倍。而对情形②，附加费用为 $f(c_i, a_i)$ 。因为 c_i 是距离 a_i 最近的有车的受灾点，所以有 $f_{\min} \leqslant f(a_i, b_j) \leqslant f(c_i, a_i) \leqslant f_{\max}$ 。于是完成任一个 r_i 的路程最多为 $f(a_i, b_j)$ 的 $\dfrac{\lambda}{\mu} + 1$ 倍。

8.3 本章小结

本章旨在从整体优化应急调度网络的角度，分析有效的调度途径机制。选择了目前研究和应用较广的"协同机制"和"占线路径"作为视角，分别建立了应急调度优化模型，并对其提高应急调度效率的机制进行了数学推导和有效性分析。具体内容如下：在 8.1 节中，基于合作博弈理论建立了应急调度优化协同模型，并运用定量分析方法对灾后可能引发的震灾应急物流协同进行了研究。这一研究拓展了物流协同机制和方式的研究视野，并探讨了激励应急物流协同的途径和措施。研究结果表明，在震灾发生后，激励更多的应急组织参与到救援协同中来，是提高应急救援效率和有效降低成本的重要举措。在 8.2 节中，我们引入调度时间、风险和成本的综合效用值，构建了占线路径调度优化模型。通过对模型推导进行离线策略与占线新策略的综合效用值比较，得出了占线策略略胜一筹的结论。这些结论对今后在应急物流行动中运用协同机制提供了有价值的参考和借鉴。

第9章 突发事件人工智能
应急调度优化模式研究

　　人工智能（Artificial Intelligence，AI）是指通过模拟人类智能的能力和行为，使计算机系统能够执行类似于人类的认知和决策过程[66]。它涵盖多个领域，包括机器学习、自然语言处理、计算机视觉、专家系统等。人工智能的目标是使计算机能够模仿人类的思维方式，具备感知、理解、推理、学习和决策等能力。

　　模拟人类大脑是人工智能发展的一条重要路径[67]。人类大脑是自然界最为复杂的智能系统之一，它由数十亿个神经元组成，通过神经元之间的连接和电信号传递来实现信息处理。模拟人类大脑的目标是构建具有类似结构和功能的人工神经网络，以实现类似于人脑的智能。这种方法被称为神经网络或深度学习。神经网络是一种由人工神经元组成的计算模型，它通过学习从输入到输出的映射关系来实现智能。神经网络的基本单位是人工神经元，它模拟了生物神经元的功能。通过将大量的人工神经元连接在一起，形成复杂的网络结构，神经网络可以学习和提取输入数据中的特征，并进行分类、识别、预测等任务。深度学习是一种基于神经网络的机器学习方法，它通过多层次的神经网络结构来实现对复杂数据的建模和分析。

　　与模拟人类大脑不同，机器学习是另一条重要的人工智能发展路径。机器学习是一种让计算机从数据中学习和改进性能的方法。它不依赖人工编程，而是通过训练算法来自动发现数据中的模式和规律。机器学习可以分为监督学习、无监督学习和强化学习等不同类型[68]。监督学习是一种通过给计算机提供带有标签的训练数据来训练模型的方法。在监督学习中，计算机通过学习输入和输出之间的关系来进行预测和分类。无监督学习是一种从无标签的数据中自动学习模型的方法，它通过发现数据中的隐藏结构和模式来进行聚类、降维等任务。强化学习是一种通过与环境进行交互来学习最优行为策略的方法，它通过奖励和惩罚信号来指导学习过程。

　　人工智能的发展离不开大量的研究和技术支持。近年来，深度学习在计算机视觉、自然语言处理等领域取得了重大突破，如图像识别、语音识别、机器翻译等。同时，机器学习算法的不断发展和优化也推动了人工智能的进步。此外，硬件技术的提升，如图形处理器（GPU）的广泛应用，为人工智能的计算需求提供了强大的支持[69]。据此，本研究提出了一种创新的应急物资管理方法，该方法融合了人工智能技术的不同路径。通过这种多维度的整合，研究旨在构建一个更为高效和精准的物资调配模型。这一模型有望显著增强应急响应的智能化水平，为灾害应急管理提供强有力的决策支持。

9.1 人工智能不同路径融合下的应急物资管理研究

（1）基于人工智能的应急物资管理体系研究现状

在应急物资需求预测方面，国内外学者的研究思路有所差别，针对该问题所应用的研究方法也有所不同：国外学者倾向于通过分析应急响应初期物资供应的时间序列，直接预测不同阶段的应急物资需求，而我国学者一般先根据相似历史案例数据库预测突发事件遇难人数，再通过存活人数（人口统计总人数与遇难人数之差）与物资量关系式间接计算物资需求数量。基于此研究思想，案例推理法（Case-Based Reasoning，CBR）作为人工智能领域的一种重要推理方法，常常和模糊集理论、BP 神经网络算法、遗传算法时间序列分析（ARIMA）和鲁棒小波支持向量机模型相结合，对地震案例进行死亡人数预测，在国内突发事件应急物资管理领域得到广泛的应用和认可，为应急物资需求预测提供决策依据；在应急物资配置和调度研究方面，国内外很多学者将该问题归结为车辆调度问题（Vehicle Routing Problem，VRP），多应用多目标规划数学模型，求解方法多以人工智能领域的进化算法、蚁群算法和粒子群算法等智能算法为主。

（2）在线社会网络应急管理大数据研究现状

在应急管理工作实务中，在线社会网络（Web 2.0）主要来源于微信、博客、推特、优酷、抖音和在线论坛等实时通信系统，是协助管理系统有效决策的大规模数据信息的重要载体。由于突发事件发生后网络设施相对于电信等基础设施比较坚固，因此在线社会网络也被认为是应急响应初期更加可靠的通信设施。目前，在应急资源需求配置与调度优化决策方面，多数受灾人员选择利用在线社会网络平台发布灾情信息进行求助，决策者通过获取传播事件的进展、安全地点和救援位置等信息，进而为应急响应决策提供应急物资定向配置方案。国内外学者采用多样化的研究手段，对不同地区的推特或微博数据进行深入分析与提取。通过精准识别在线灾害信息中的地理位置数据，这些信息被转化为紧急物资配置的关键参考，从而为突发事件的应急管理提供了有力的信息支持。这种做法不仅优化了应急响应流程，还显著提升了灾害应急管理的效率和效果。

9.2　人工智能视域下应急调度优化模式构建

人工智能视域下突发事件应急调度优化模式如图 9-1 所示，主要分为应急物资需求预测、应急物资调度优化和政府应急云平台三个模块，为应急物资定向精准配置提供依据。

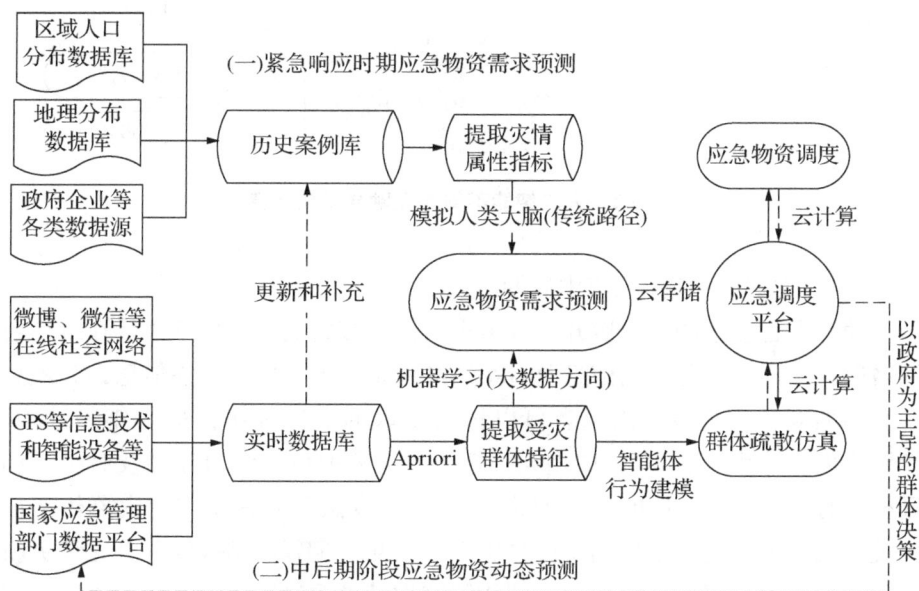

图 9-1　人工智能视域下突发事件应急调度优化模式

（1）人工智能不同路径融合下的应急物资需求预测

在突发事件发生初期，受灾区域与外界发生信息传递时差，外界难以立即建立应急管理信息获取平台，为保障受灾区域的基本物资供给及应急响应工作迅速展开，决策人员只能通过提取事件发生时间、区域和强度等已知数据，通过相似历史案例的数据记录、专家经验预判及现代技术手段等方式，在历史案例库进行相似性比较对照和借鉴，采用案例推理分析、BP 神经网络算法和遗传算法等"模拟人类大脑"路径的人工智能技术，再结合专家经验预判搜索出最佳方法，构建案例推理分析、BP 神经网络算法和遗传算法等应急物资需求预测模型，并以真实案例库为研究对象进行模型校验，而后基于人工智能的"模拟人类大脑"的传统路径，完成紧急响应时期的应急物资需求快速预测（图 9-2）。

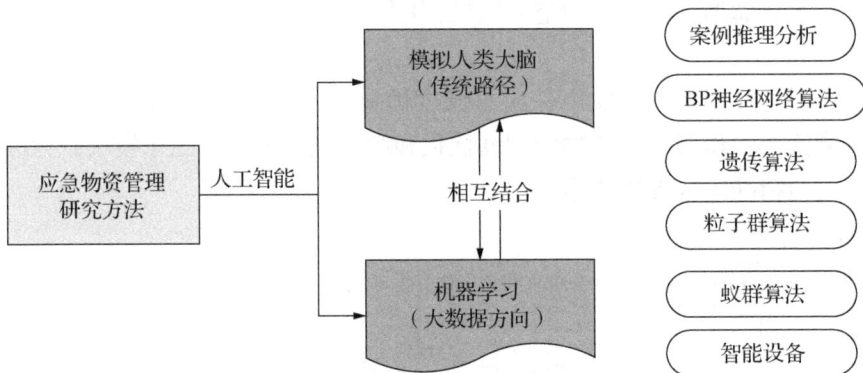

图 9-2　人工智能不同路径融合研究示意

（2）突发事件应急响应中后期阶段

随着灾害救援的快速展开，各类灾情信息接踵而来，包括大量在线社会网络信息、国家应急部门信息及 GPS、可视化、无人机等采集信息，为提高预测的准度和合理性，决策者可以根据提取的受灾群体特征（年龄结构、性别比例和体型体征等），应用人工智能的大数据机器学习路径及时更新和调整实时需求信息，同时应用改进的 Apriori 算法深度挖掘与受灾群体特征相关的大数据，提高中后期阶段物资需求预测及配置的精准度并补充和更新现有数据，适用于应急响应中后期物资需求精准预测阶段。其中，受灾群体特征分析不仅是精准化物资需求预测的研究基础，而且是受灾群体疏散研究的关键。鉴于此，本书重点解决应急调度优化中"物资调度"和"群体疏散"两个问题。

首先，构建基于应急物资需求预测的调度优化模型，针对调度流程中的难点，设计改进的 Apriori 算法并通过参数优化得到系统最优解；应用云计算聚类挖掘算法，通过整合与协调技术、资源和运输能力，搭建应急云平台调度信息系统，通过云平台动态计算和快速匹配，实现应急物资的云存储、云计算和有效调度。同时，云平台可以将调度信息实时反馈至政府应急管理平台，实现应急调度透明化、精准化和安全化。应急云平台主要包含应急物资调度和群体疏散仿真，应急物资需求预测信息（救济物资需求和疏散物资需求）存储至云平台后，实时监测物流工具的运输能力和调度情况，实现云平台调度指令输出反馈至国家应急管理数据平台，进行以政府为主导、企业和科研机构为中坚力量的群体决策模式，进而根据应急物资需求和群体疏散需求实现精准调度。

其次，基于受灾群体特征的疏散仿真模型。深入挖掘突发事件、受灾群体和物资需求特征，合理调整各个需求点的救援顺序，确定受灾区域的应急救援和群体疏散优先级；采用机器学习和数据库知识发现技术相结合的方式，提出改进的粗糙集理论 NIS-Apriori 算法，深度挖掘大量模糊灾情信息中的确定关联规则和潜在关联规则；利用智能体行为建模对突发事件进行群体疏散实验仿真，分析人物模型在实时三维虚拟环境中的执行动作，同时可以通过编程实现对外来消息的响应。将人工智能不同路径融合下的紧急需求快速预测和中后期实时需求精准预测，反馈至应急云调度平台，并结合提取的受灾群体特征，作为群体疏散仿真的智能体行为模型群体属性进行群体疏散仿真模型。

表 9–1 强调了在突发事件应急物资调度实务中，需要考虑诸多方面的因素，这些因素可能影响救援的效率和效果，包括不确定性、组织协同、资源分配、媒体和政治影响等。

表 9–1　灾害应急物资调度优化网络的影响因素

外部环境因素		网络内部因素	
影响因素	相关描述	影响因素	相关描述
救援环境的不确定性	灾害发生的时间、地点、类型和规模无法预知；灾害的破坏程度、灾民的数量和可用资源不确定	救援组织的多样性	灾害救援组织数量众多、性质各异，各自的任务、运作方式与能力具有差异
动态任务	救援中的任务无法预测，且任务的数量可能远远超过可用的资源	救援组织的意愿	某些救援组织可能会为了自身利益而妨碍组织间的协同或不愿交出管理和控制权

外部环境因素		网络内部因素	
影响因素	相关描述	影响因素	相关描述
资源供需不平衡	主要资源供需的类型不匹配和数量不平衡	资源的缺乏	志愿者多，但缺乏拥有专业知识的人员；资金和设施设备匮乏
媒体影响	为了获取更多物资，需要媒体的关注，而媒体的关注又会增加救援的压力，甚至可能引起救援行为方式的变化	网络节点间缺乏标准化	网络临时构建，信息和工作流程缺乏标准
捐赠者的意愿	捐赠者在进行捐赠时，可能会特别指明希望援助的地区、救援的目标群体及希望支持的救援行动类型		
政治因素	政治因素在国际救援中极为关键，涉及受灾国的政治稳定性、政策取向及政府决策。这些因素决定了救援的可行性、效率和成效，影响援助的分配、救援方式的选择及救援物资的流通。同时，政治环境还关乎救援团队的安全和与当地政府的协调工作		

　　面对突如其来的地震灾害，政府、企业和非政府组织等需要立即执行应急计划，及时、有效的应急物资调度优化是救援工作成功的有力保障，对于救助生命、减轻灾民痛苦来说至关重要，但如何基于有效途径的机制深入研究和如何科学、高效地将应急物资运送到受灾点或避难所等需求点是个难题。目前的应急调度优化有效途径研究中，无论是西方发达国家利用数量化技术工具研究节点的配置、物流协作、可持续发展和政府应起的职能作用，

还是国内对应急物流规划、调度优化政策、调度需求等问题的研究，多数基本还未涉及应急物资供给与需求机制方面的研究，缺乏应急物资调度优化有效途径的理论指引，因而难以全面研究理解应急物流发展的真正动因及协同和占线与应急调度优化之间的相互作用机制。应急物流系统的供需协同发展研究是在分析区域物流供给、物流需求与物流环境相互作用的内部机制的基础上，以恰当的物流供给不断满足物流需求，并保证物流服务的供给与需求之间的协调与同步，使应急物流活动保持较高的效率与效益，从而促进应急调度整体网络的协调与可持续发展。

9.3　政府开放应急管理数据的必要性和建议

9.3.1　政府开放应急管理数据的必要性和存在的问题

我国应急管理以政府为主导是国家强制性要求，政府部门掌握着大量应急物资管理相关的数据。与国外相比，我国在政府数据开放方面尚未正式出台相应政策、法规，在一定程度上制约了我国突发事件应急物资管理研究的发展。根据应急物资需求预测研究方法的内在特征，制定政府数据开放政策将推动我国应急管理体系的深入发展和长足进步。

（1）基于大数据样本的机器学习训练

在人工智能领域，国内外应急管理的研究重点集中于机器学习理论，而多数情况下，大量的案例数据是机器学习完成智能训练之本。同样，随着机器学习逐渐进入应急管理学科的视野，科学合理的应急物资需求预测模型应基于不同变量的综合性历史数据，这就要求数据平台开放突发事件发生时间、灾害种类、地理位置、发生强度等属性详细完备的高质量数据。而目前我国政府部门的内部数据多为结构化数据，在半结构化和非结构化数据撷取和存储上亟待提高。另外，部分可查询数据的准确性和真实性有待考察，数据质量参差不齐，缺乏数据质量管理标准等在一定程度上制约着我国应急管理数据的挖掘和利用。

（2）实时数据精准化需求预测

突发事件发生后，不确定性应急物资需求总量急剧上升，各类应急物资时效性和紧迫性又不尽相同，需求结构（医疗物资、生活基本保障物资、应急救援物资及恢复重建所需物资四大类物资的相对数量比）较为复杂，不同阶段的应急物资需求类型和需求总量发生持续性动态变化，对物资需求预测工作的时间和预测准确性方面均提出了更高的要求。同时，在突发事件不同应急阶段，应急物资的需求优先级也在实时变化着。因此，实现大数据的实时更新是下一阶段物资需求精准预测和优化配置的关键。目前我国突发事件的官方历史数据获取难度大，而在线社交网络平台的灾情实时数据信息相对易获取，国内研究主要关注基于社交媒体的突发事件检测、网络舆情扩散监测和规律分析及网络舆论集群行为等。

（3）完善和更新智库建设

应急管理数据系统的建立和更新对于完善我国应急管理智库体系具有重要意义。相关数据显示，在对政府数据管理系统是否有专人维护和管理问题的调查中，一些被调查者表示其所在的政府部门没有负责系统维护和管理的专门人员，在数据采集和存储方面也并未设专人负责。缺乏数据管理和系统维护的反馈和改进机制是目前我国政府应急部门数据公开的另一个重要问题，由于没有统一的格式标准和专人管理，各类数据未被统一标准并合理地录入数据库。近年来，由于缺乏政府数据支撑而未形成有效的政府数据涉入的研究体系，我国应急管理数据大部分来自不同局部的在线信息检索和搜寻，信息来源的不权威性和不全面性对需求预测的精准度影响颇大，碎片化的数据拼图在全局意义上不利于应急管理体系的建立和完善。

（4）人工智能路径研究的发展

国内外应急管理研究主要侧重于人工智能的机器学习路径，对大数据、智能设备相结合的研究路径关注较少。由于突发事件的复杂性，在事件发生后，短时间内可能难以直接获得受灾民众的需求信息，而物资需求预判的主观性和模糊性使得信息在各个应急时期的更新需要耗费大量的人力和物力。目前在商业、教育和医疗等诸多领域，应用大数据机器学习路径提高需求预测精准性的人工智能案例值得应急物资管理预判和决策研究领域借鉴。例如，在实际的应急物资需求配置工作中，可以通过人脸识别对突发事件的受灾民众进行不同年龄和性别的个性化需求服务，精准定位不同类群进行靶向配置；通过跟踪识别服务，大数据处理可以及时更新灾民对各类物资的需求，从而进行后续精准定位和配置反馈；通过"端云协同"可穿戴设备深入挖掘更多共性的应急需求情境，针对不同情境推出精准预测、智慧配置等方案，从而丰富和提升传统的应急情境理论研究。基于大数据的智能设备的开发和探索亟须政府应急部门的权威数据源，数据开放平台难以通过公开申请获取在一定程度上阻碍了灾害应急管理和人工智能学科的发展。

9.3.2　完善我国政府开放应急管理数据的风险和对策

应急管理涉及国家数据安全和用户隐私，与其称政府应急部门数据公开和监管为技术问题，不如将其归于管理问题。政府公开数据需要应急管理部门完善数据质量、维护国家信息安全和保护人民的隐私，唯有此才能不断促进政府应急管理数据的良性循环和有效利用。

（1）加大政府对应急管理信息开放平台的支持度

2012 年 6 月，上海市政府率先向社会开放和共享政府数据资源，自此，全国近 20 个地方政府开展了政府网站数据共享服务。而这些数据资源大部分都用于便民和企业经济发展，在国家和地方应急管理部门网站上获取灾害事件相关的开放数据仍然十分困难。在政府应急管理数据开放方面，应当加大政府支持力度，全面整合和统筹应急信息的大数据平台和共享中心。加强政府信息资源和社会信息资源的关联度，加快构建国家应急管理数据信息共享服务平台，进而推动政府应急管理、社会救援组织、学术机构和普通民众的互利互动。

（2）设立应急信息数据管理专职部门

政府应急管理相关数据的开放服务工作量，涉及信息技术、应急管理和数据统筹等多个部门，为确保政府数据开放工作高效、稳步开展，亟须成立应急信息数据管理的专职部门。2018 年 3 月，根据国务院机构改革方案，中华人民共和国应急管理部设立。2018 年 4 月 16 日，中华人民共和国应急管理部正式挂牌。当下，组建应急信息数据管理的专职部门和一支应急数据管理的专业团队，并进行明确的职责分工势在必行。此外，政府应急管理部门应致力于提升数据质量的评估机制，确保数据的完整性、真实性和准确性。这要求实施严格的数据管理流程，包括但不限于数据收集、验证、处理和分析的标准化操作。通过这些措施，可以增强数据的可信度和有效性，为应急管理决策提供坚实的信息基础，从而提高应对各类突发事件的能力。

（3）加强对数据安全的风险管理和监督

不同于商业领域的案例大数据平台开放，应急管理案例大数据体量小，但价值千金，且涉及国家网络和信息安全，前期准备工作要确保万无一失。我国政府机构尚未出台网络大数据开放和共享相关法律法规，在个人隐私和数据安全方面的管理和监督体制还不完善。在数据采集、筛选、录入、管理和使用环节应建立严格的监管和回溯制度，并对开放平台的服务和效果进行评估和反馈，针对不同问题提出精准治理的方案和对策，严禁转载和泄露涉及数据安全和个人隐私的信息。另外，应当加强政府应急部门和民众的互利互动，为各大科研机构和社会有识之士提供前瞻性和预测性的建议创造条件，针对开放数据向社会征集预测和数据挖掘的分析报告和建议反馈等。

9.4 我国重大突发事件应急物资管理的优化建议

从人工智能的角度来看，以下是我国重大突发事件应急物资管理的优化建议和未来发展方向，以及一些相关的技术和政策措施。这些建议和方向旨在提高应急物资管理的效率、准确性和响应能力，以更好地应对重大突发事件的挑战。

9.4.1 数据分析和预测

（1）建立全面的数据收集和整合机制。政府部门应建立统一的数据收集和整合机制，整合来自不同部门和地区的数据，包括历史事件数据、物资需求数据、人口流动数据等；利用人工智能技术，对大规模的数据进行分析和挖掘，以发现潜在的规律和趋势，为应急物资管理提供科学依据。

（2）建立预测模型和智能决策支持系统。基于历史数据和实时数据建立预测模型来预测未来重大突发事件的物资需求。这可以帮助决策者提前做好准备，避免物资短缺或浪费；建立智能决策支持系统，利用人工智能技术对实时数据进行分析和处理，为决策者提供实时的物资管理建议和决策支持。

（3）引入深度学习和强化学习技术。深度学习和强化学习技术在数据分析和预测方面具有很大潜力。通过深度学习算法，可以从大规模的数据中学习和发现模式，提高预测模型的准确性；强化学习技术可以用于优化物资调配策略，通过与环境的交互学习，自动调整物资储备的数量和位置，以满足不同地区和时段的需求。

9.4.2 智能物资调配

（1）建立智能调配系统。利用人工智能技术，建立智能调配系统，根据预测模型和实时数据，自动调整物资储备的数量和位置，以满足不同地区和时段的需求；考虑多种因素，如交通状况、物流网络、需求优先级等，以优化物资的调配路径，减少运输时间和成本。

（2）引入协同机制。建立跨部门、跨地区的物资管理平台，实现信息共享和协同合作。平台可以整合各部门和地区的数据和资源，提供全面的物资管理信息，促进各方之间的协同合作；利用人工智能技术，建立智能决策支持系统，为决策者提供实时的物资管理建议和决策支持。

9.4.3 实时监测和响应

（1）建立智能监控系统。利用物联网和传感器技术，建立智能监控系统，实时监测物资的库存和使用情况。当物资库存低于设定的阈值时，系统可以自动触发补充物资的任务，确保库存始终充足；结合社交媒体和大数据分析，通过分析社交媒体上的求助信息和灾情报告，可以及时了解灾区的物资需求，以便及时调配物资。

（2）引入自动化和机器人技术。利用自动化和机器人技术，实现物资的自动化分拣、包装和配送。这可以提高物资调配的速度和准确性，减少人力成本和错误率。

9.4.4 风险评估和优化

（1）引入更先进的风险评估模型。不断研究和应用更先进的风险评估模型，结合大数据和机器学习算法，提高风险评估的准确性和全面性；利用人工智能技术，对重大突发事件的风险进行评估和预测，以便及时采取相应的措施。

（2）监测物资供应链的脆弱性。建立智能系统来监测和评估物资供应链的脆弱性，及时发现和解决潜在的问题，确保物资的可靠供应；利用区块链技术，建立可追溯的物资供应链，提高物资调配的透明度和可信度。

9.4.5 技术和政策措施

（1）加强人工智能技术研发和应用。政府应加大对人工智能技术研发和应用的支持力度，鼓励企业和研究机构开展相关研究和创新；建立人工智能技术应用示范项目，推动人工智能技术在应急物资管理中的落地和推广。

（2）加强数据安全和隐私保护。加强对应急物资管理数据的安全保护，确保数据的完整性和机密性；制定相关政策和法规，保护个人隐私和数据安全，建立合理的数据使用和共享机制。

（3）加强人才培养和交流。加强人工智能领域的人才培养和交流，培养更多的人工智能专业人才和应急管理专业人才；建立人工智能和应急管理领域的交流平台，促进政府、学术界和企业之间的合作和交流。

人工智能在我国重大突发事件应急物资管理中具有巨大的潜力。通过数据分析和预测、智能物资调配、实时监测和响应、协同合作、信息共享及风险评估和优化等方面的应用，可以提高应急物资管理的效率和准确性，更好地保障人民生命财产安全。未来的发展方向包括建立全面的数据收集和整合机制，引入深度学习和强化学习技术，建立智能调配系统，加强智能监控和自动化技术，引入更先进的风险评估模型，加强数据安全和隐私保护，加强人才培养和交流等。通过不断创新和应用人工智能技术，我国的重大突发事件应急物资管理将迎来更加智能化和高效化的发展。

9.5　本章小结

人工智能的内涵包括模拟人类大脑和机器学习两条不同的路径。模拟人类大脑通过构建人工神经网络来实现智能，而机器学习则通过让计算机从数据中学习和改进性能来实现智能。本章主要基于这两条路径在人工智能的发展中相辅相成的内在关系，根据突发事件生命周期不同阶段的特点和响应情境，提出针对应急物资管理进行不同路径相互融合的新思路。同时，以人工智能应急管理的发展为目标，从政府应急管理数据开放的视角给出相应的政策和建议。

第10章 结 论

本书立足于"应急物资管理网络"整体分析，应用系统分析方法，将应急物资管理的研究问题作为一个系统，以人工智能等技术为基础，基于应急物资动员理论、生命周期理论和物资调度优化理论，通过对相关研究文献的梳理与归纳，运用情景分析、建模仿真、案例分析、时间序列分析、比较研究等方法，针对目前重大突发事件应急物资管理体系中出现的效率低下、理论与现实脱节、研究成果得不到实际转化等问题，围绕应急动员管理的各个环节，按"基础保障—调度优化—机制分析"的逻辑顺序，提供了建立和发展应急决策方法的新思维模式。主要工作及创新点如下：

（1）在应急物资需求预测研究方面，由于国内外学者的研究思路有所差别，针对该问题所应用的研究方法也有所不同：鉴于应急物资需求随响应时段呈现一定的时间序列规律，国外多数研究主要通过时间序列分析方法，特别是自回归整合移动平均模型（ARIMA），根据应急响应初期物资供应的时间序列已知数据，直接预测灾后不同时期的应急物资需求；我国学者普遍倾向于通过案例推理分析方法（CBR）先根据相似历史案例数据库预测待测突发事件的遇难人数，再通过存活人数（人口统计总人数与遇难人数之差）与物资量关系式间接计算总物资需求数量。

针对应急响应初期紧急阶段，本书结合国内外研究思路的各自优势，构建案例推理分析、BP 神经网络等应急物资需求快速预测模型。针对中后期精准厘定阶段，采用粗糙集 NIS-Apriori 方法深度提取与群体脆弱性相关的关键物资特征，通过引入时间序列波动周期函数，运用支持向量机（SVM）核函数将低维空间非线性问题转换成高维特征空间的线性问题，构建 ARIMA-SVM 应急中后期物资需求预测模型，以补充和更新初期阶段的预测结果。改进的 NIS-Apriori 算法和波动函数的引入分别有效解决了物资供应数据不完备和不连续的问题，为后续应急供应链可靠性结构和风险量化分析奠定科学的理论基础和技术支撑。

（2）提出从"灾民特性"进行调度优化研究的新视角，应用机器学习和面向数据库相结合的方式改进了数据挖掘经典算法 Apriori，构建了基于灾民特性的非决定性灾情信息调度优化决策模型。首先，基于关注灾情信息的数据挖掘的新思想，通过数据挖掘统计分析方法，构建了探究灾民年龄结构的单因素多重比较分析模型，通过真实数据分析得出中国汶川地震和日本神户地震中 75 岁以上的灾民易损性较大，且显著高于儿童，分别高于其平均死亡人数 241.30% 和 380.00%，显著水平 sig. 分别为 0 和 0.003，因此应当将诸如年龄结构的灾民特性作为考虑因素进行调度优化模型构建；其次，选取男女比例、就业率、儿童比例、老龄化率等灾民特性为属性变量，灾民满意度为决策变量，构建了非决定性信息系统（NIS）物资调度优化决策模型，改进了只适用于决定性信息系统（DIS）的数据挖掘经典算法 Apriori，深度挖掘了大量缺失、不准确和模糊的灾情信息中可能的关联规则，对进行模糊处理的东日本大地震的相关数据进行关联和预测分析，该模型的提出旨在从灾情信息的视角进行数据挖掘，弥补了基于完备、确定灾情信息的决策模型的不足，得到关联应急决策有价值和实际意义的决策基础。

（3）提出了单响应点（OD：Origin-Destination）和多响应点两种情形下的多目标应急物资调度优化决策，改进了数据包络分析（DEA）模型和算法，提出了基于公平约束的应急物资调度优化模型。首先，本书在分析和研究 Knott 的最小化运输成本和 Linet 的最小化延迟时间的单目标优化方法基础上，结合救援实际情况，提出了单 OD 和多 OD 下的多目标调度优化决策思想，改进了 DEA 模型和算法，得出应急初期和中后期不同决策单元（DUM）的效率排序；其次，基于公平约束的视角，提出了考虑物资特性的多目标调度优化决策模型，通过多目标演化优化算法进行求解后，构建出公平性和救援能力关系图，获取应急物资最优调度分配方案。该决策方法和模型的提出克服了原 DEA 分析效率排序不敏感的弱点，同时，在灾民对应急物资需求弱化而心理需求逐步升高的应急中后期阶段，着重关注各受灾点公平度的新思想更有助于提高应急救援效率。

参考文献

［1］ 2020 年 2 月 14 日,中共中央总书记、国家主席、中央军委主席、中央全面深化改革委员会主任习近平主持召开中央全面深化改革委员会第十二次会议并发表重要讲话 ［EB/OL］. (2020 – 02 – 14) ［2024 – 03 – 10］. http://www.xinhuanet.com/politics/leaders/2020-02/14/c_1125575922.htm.

［2］ 何明珂. 应急物流的成本损失无处不在 ［J］. 中国物流与采购,2003 (23): 18 – 19.

［3］ 郭小梅. 基于案例推理的应急物资需求预测研究 ［D］. 兰州:兰州交通大学,2017.

［4］ 段在鹏,钱新明,夏登友,等. 基于 FCM 和 CBR-GRA 双重检索的应急救援物质需求预测 ［J］. 东北大学学报 (自然科学版),2016,37 (5):756 – 760.

［5］ 朱晓鑫. 震灾应急物资调度的优化决策模型研究 ［D］. 哈尔滨:哈尔滨工业大学,2017.

［6］ 黄星. 震灾应急物资筹集的优化决策模型研究 ［D］. 哈尔滨:哈尔滨工业大学,2014.

［7］ 刘德元,朱昌锋. 基于案例模糊推理的应急物资需求预测研究 ［J］. 兰州交通大学学报,2013,32 (1):138 – 141.

［8］ 周敏. 地震灾害下应急物资需求预测与供应策略仿真研究 ［D］. 北京:北京交通大学,2019.

［9］ 张斌,陈建国,吴金生,等. 台风灾害应急物资需求预测模型 ［J］. 清华大学学报 (自然科学版),2012,52 (7):891 – 895.

［10］ SHEU J B. Dynamic relief-demand management for emergency logistics operations under large-scale disasters ［J］. Transportation research part E:logistics and transportation review,2010 (46):1 – 17.

［11］ HOLGUÍN-VERAS J,JALLER M. Immediate resource requirements after hurricane katrina ［J］. Natural hazard review,2011,13 (2):117 – 131.

［12］ BALCIK B,YANLKOĞLI I. A robust optimization approach for humanitarian needs assessment planning under travel time uncertainty ［J］. European journal of operational research,2020,282:40 – 57.

［13］ ERGUN O,KARAKUS G,KESKINOCAK P,et al. Operations research to improve disaster supply chain management [M]. New York: John Wiley & Sons, Inc, 2010.

[14] SHEU J B. An emergency logistics distribution approach for quick response to urgent relief demand in disasters [J]. Transportation research part E: logistics and transportation review, 2007, 43 (6): 687 – 709.

[15] 苗鑫, 西宝, 邹慧敏. 物流需求的动态预测方法 [J]. 哈尔滨工业大学学报, 2008, 40 (10): 1613 – 1616.

[16] 郭金芬, 周刚. 大型地震应急物资需求预测方法研究 [J]. 价值工程, 2011, 30 (22): 27 – 29.

[17] 冯海江. 地震灾害救援中的应急物资分配优化研究 [D]. 上海: 上海交通大学, 2010.

[18] 何明珂. 应急物流的成本损失无处不在 [J]. 中国物流与采购, 2003 (23): 18 – 19.

[19] CHANG M S, TSENG Y L, CHEN J W. A scenario planning approach for the flood emergency logistics preparation problem under uncertainty [J]. Transportation research part E, 2007, 43: 737 – 754.

[20] 王晓, 庄亚明. 基于案例推理的非常规突发事件资源需求预测 [J]. 西安电子科技大学学报 (社会科学版), 2010, 20 (4): 22 – 26.

[21] 聂高众, 高建国, 苏桂武, 等. 地震应急救助需求的模型化处理: 来自地震震例的经验分析 [J]. 资源科学, 2001, 23 (1): 69 – 76.

[22] 邓树荣, 张方浩, 余庆坤, 等. 震后应急救援民生保障物资需求模型研究 [J]. 震灾防御技术, 2021, 16 (3): 573 – 582.

[23] 郭晓汾. 基于自然灾害的救灾物资物流决策理论与方法研究 [D]. 西安: 长安大学, 2009.

[24] 郭瑞鹏. 构建动员型虚拟企业的理论思考: 敏捷动员的一种组织实现形式 [J]. 北京理工大学学报 (社会科学版), 2005, 7 (3): 12 – 14.

[25] 郭金芬, 周刚. 大型地震应急物资需求预测方法研究 [J]. 价值工程, 2011 (22): 27 – 29.

[26] 傅志妍, 陈坚. 灾害应急物资需求预测模型研究 [J]. 物流技术, 2009 (10): 11 – 13.

[27] KNOTT R. The logistics of bulk relief supplies [J]. Disasters, 1988 (11): 113 – 115.

[28] BARBAROSOGLU G, AIDA Y. A two-stage stochastic programming framework for transportation planning in disaster response [J]. Journal of the operational research society, 2004, 55: 43 – 51.

[29] BARBAROSOGLU G, OZDAMAR L, CEVIK A. An interactive approach for hierarchical analysis of helicopter logistics in disaster relief operations [J]. European journal of opera-

tional research, 2002, 140: 118 – 133.

[30] HEUNG-SUK H. A food distribution model for famine relief computer&industrial engineering [J]. Computers & industrial engineering, 1999, 37: 335 – 338.

[31] LINET O. Emergency logistics planning in natural disasters [J]. Annals of operation research, 2004, 129: 218 – 219.

[32] FU L, RILETT L R. Expected shortest paths in dynamic and stochastic traffic network [J]. Transportation research B, 1998, 32: 499 – 516.

[33] MINER-HOOKS E, MAHMASSANI H. Least expected time paths in stochastic, time varing transportation network [J]. Transportation science, 2000, 34: 198 – 215.

[34] 计雷, 池宏, 陈安, 等. 突发事件应急管理 [M]. 北京: 高等教育出版社, 2005.

[35] XIAO A. Collaborative multidisciplinary decision making in a distributed environment [D]. Georgia: Georgia Institute of Technology, 2003.

[36] LINET O. Emergency logistics planning in natural disasters [J]. Annals of operation research, 2004, 129: 218 – 219.

[37] ALESSANDRA O. Simulation-based decision support for the logistics of maritime emergency management [C] //Proeeedings of the Fifteenth IASTED International Conference on Modeling and Simulation. Acta Press, 2004, 338 – 343.

[38] MENDONCA D, GIAMPIERO E G B, DAAN VAN G, et al. Designing gaming simulations for the assessment of group decision support Systems in emergency response [J]. Safety science, 2006, 44 (6): 523 – 535.

[39] 张明, 常致全, 龚荣武. Internet 环境下智能协同决策支持系统模型研究 [J]. 四川联合大学学报 (工程科学版), 1999, 3 (4): 117 – 222.

[40] 郭朝珍, 郭红, 陈旭, 等. 关于 GDSS 协同决策模型的研究 [C] //第二届全国 CSCW 学术会议论文集. 上海: 第二届全国 CSCW 学术会议, 2000.

[41] 邓伟, 王卫国. 政府职能在应急物流组织指挥中应发挥的作用 [J]. 中国物流与采购, 2003 (23): 26.

[42] 祁明亮, 池宏, 赵红, 等. 突发公共事件应急管理研究现状与展望 [J]. 管理评论, 2006, 18 (4): 35 – 45.

[43] 王国政. 基于电子白板的分布式协同决策支持系统研究 [D]. 西安: 西安建筑科技大学, 2006.

[44] 路永和, 邹一秀, 杨亮. 供应链协同决策问题的探讨 [J]. 物流科技, 2006, 29 (130): 116 – 119.

[45] 张萍, 陈幼平, 袁楚明, 等. 供应链协同决策及分布协同机制研究 [J]. 制造自动化, 2007, 29 (11): 28 – 31.

[46] 马占军, 丁宁. 基于多 Agent 的社会安全事件应急疏散仿真研究 [J]. 中国人民公

安大学学报（自然科学版），2020，26（4）：103 – 108.

[47] 张肃，程启月，王颖龙. 基于策略偏好模糊矩阵对策的协同决策方法［J］. 军事运筹与系统工程，2008，22（2）：63 – 67.

[48] 赵林度. 城市群协同应急决策生成理论研究［J］. 东南大学学报（哲学社会科学版），2009，11（1）：49 – 55.

[49] ZHANG Z Y, LIU C, YANG L. Evaluation research of emergency logistics system based on set pair analysis model［C］//Fourth International Conference on cooperation and Promotion of information resources in Science and Technology. Washington DC, USA：IEEE Computer Society，2009，327 – 332.

[50] YE H Y, ZHAN J, CHEN J X, et al. Expectation multi-level planning model and algorithms of transportation decision in emergency logistics［C］. Chengdu：Internation Conference on Transportation Engineering (ICTE)，2009：3785 – 3790.

[51] 李德毅，刘常昱，杜鹢，等. 不确定性人工智能［J］. 软件学报，2004（11）：1583 – 1594.

[52] 李德毅，刘常昱. 论正态云模型的普适性［J］. 中国工程科学，2004（8）：28 – 34.

[53] 金璐，覃思义. 基于云模型间贴近度的相似度量法［J］. 计算机应用研究，2014，31（5）：1308 – 1311.

[54] SCHANK R C. Dynamic memory：a theory of reminding and learning in computers and people. Cambridge：Cambridge University Press，1982.

[55] 刘倬，吴忠良. 地震和地震海啸中报道死亡人数随时间变化的一个简单模型［J］. 中国地震，2005，21（4）：4.

[56] COOPER W W, SEIFORD L M, TONE K. Data envelopment analysis：a comprehensive text with models, applications, references and DEA-solver software［M］. Berlin：Springer Science & Business Media，2007.

[57] EMROUZNEJAO A, YANG G L. A survey and analysis of the first 40 years of scholarly literature in DEA：1978 – 2016［J］. Socio-economic planning sciences，2018（61）：4 – 8.

[58] CHARNES A, COOPER W W, RHODES E. Measuring the efficiency of decision-making units［J］. European journal of operational research，1978，2（6）：429 – 444.

[59] BANKER R D, CHARNERS A, COOPER W W. Some models for estimating technical and scale inefficiencies in data envelopment analysis［J］. Management science，1984，30（9）：1078 – 1092.

[60] COOPER W W, SEIFORD L M, TONE K. Data envelopment analysis：a comprehensive text with models, applications, references and DEA-solver software［M］. Berlin：

Springer Science & Business Media, 2007.

[61] ZHU, J. Quantitative models for performance evaluation and benchmarking: data envelopment analysis with spreadsheets and DEA Excel Solver [M]. Berlin: Springer Science & Business Media, 2010.

[62] BEN-TAL A, NEMIROVSKI A. Robust solutions of linear programming problems contaminated with uncertain data [J]. Mathematical programming, 2002, 88 (3): 411 –424.

[63] SLEATOR D D, TARJAN R E. Amortized efficiency of list update and paging rules [J]. Communications of the ACM, 1985, 28 (2): 202 –208.

[64] GRAHAM R L. Bounds on multiprocessing timing anomalies [J]. SIAM journal on applied mathematics, 1966, 14 (2): 416 –429.

[65] 马卫民, 王刊良. 局内封闭式车辆调度问题及其竞争策略 [J]. 系统工程理论与实践, 2004 (9): 72 –78.

[66] GOODFELLOW I, BENGIO Y, COURVILLE A. Deep learning [M]. Cambridge, Massachusetts: MIT press, 2016.

[67] RUSSELL S J, NORVIG P. Artificial intelligence: a modern approach [M]. Landon: Pearson, 2016.

[68] LECUN Y, BENGIO Y, HINTON G. Deep learning [J]. Nature, 2015, 521 (7553): 436 –444.

[69] SUTTON R S, BARTO A G. Reinforcement learning: an introduction [M]. Cambridge, Massachusetts: MIT press, 2018.